図解 眠れなくなるほど面白い

建築の話

…ワーク 著

農家の庭には
知恵が詰まっている

看板建築は
正面だけが西洋風

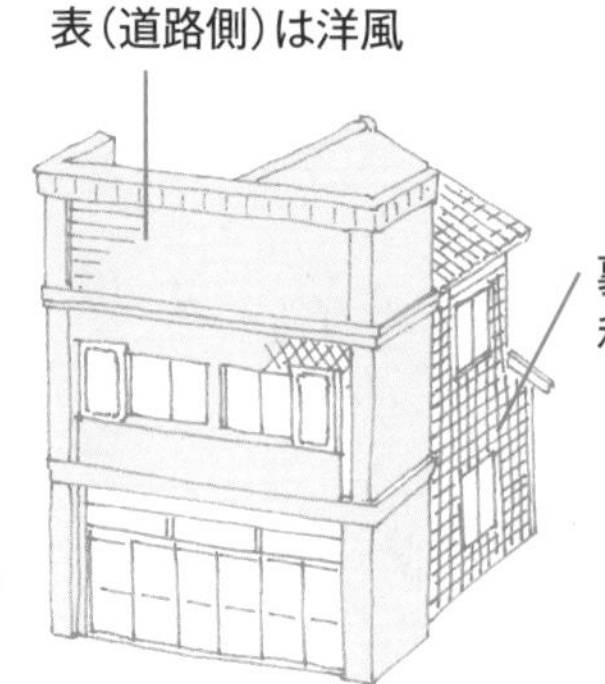

日本家屋の構造では
部屋全体を
暖められない

東京駅丸の内駅舎

日本文芸社

はじめに

「建築」という言葉を耳にしたとき、何を思い描きますか？　ある人は超高層ビルを思うでしょう。小さな住宅という人もいれば、おしゃれな外観のショップを思い浮かべる人もいるでしょう。

少し建築を学んだ人は、設備、構造、施工……と、用語を並べるかもしれません。

私たちスタジオワークは、建築を二つの側面からとらえています。一つは「建築物」として、もう一つは「住む、暮らす」という生活面――、つまりハード面とソフト面の両方からとらえるのです。

いくつかの例をご紹介します。たとえば日本の伝統的な民家の場合、土間、板の間、畳(たたみ)の間が並び、床の高さに差があります。そのすべての段差が、かつては身分の差を表したのだと知ったとき、私たちはとても驚きました。単なる構造上の違いだけではないのです。

また、かつて、和風住宅はすき間の多い住まいでした。これは夏涼しくすごせますが、冬は困りました。しかし、冬は室内を暖めるのではなく、体そのものを暖めるのだと理解したとき、昭和三十年代の暮らしが見えてきました。そうです。コタツにカイロ、湯たんぽ……。当時の生活が次々に現れたのです。

現在ではだいぶ少なくなってきましたが、日本の住まいで見られる家具や寝具は、「畳(たた)むもの」に囲まれています。布団にちゃぶ台、屏風(びょうぶ)……。いろいろあります。朝、布団を畳んでちゃぶ台を出すと寝室から食堂にかわります。そこに金の屏風を広げて立てると、とたんに結婚式場になります。これは、一部屋を何通りにも利用する狭い日本の暮らしの文化です。このようなことは、建物のことばかり考えていたのでは思い至らないのです。

私たちスタジオワークは、ハード面である建築とソフト面である暮らしとを行き来することが大好きです。読者の皆さんとともに建築のハードとソフトの間を往来する「建築の旅」に出たいと思い、60のテーマを選びました。いずれも、長い年月の間に私たち自身が驚き、感心したことばかりです。

本書を読んでいただき、少しでも多くの読者の方が建築により興味を持っていただけたら、これに勝る喜びはありません。

2020年3月吉日

スタジオワーク　最勝寺靖彦

『眠れなくなるほど面白い 図解 建築の話』目次

第3章 寺社はこだわりの世界

第4章 城と庭が育んだ日本の美意識

第5章 建築を支えた縁の下の力持ち

カバー・本文デザイン
Isshiki（デジカル）
編集協力
古田 靖
風土文化社

第1章

日本の建築は知らないことだらけ

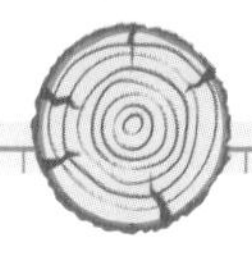

1 屋根は風を切って進む船の形をしている

屋根の形は風と雨で決まる

屋根をひっくり返すと、船のような形をしていると思ったことはありませんか？　みなさんご存知のように船の進む船首が尖っているのは流れる水の抵抗を小さくするためで、その反対側の水流を受けない船尾は平らになっています。屋根と風もこの原理は同じです。

屋根は風を切って進む船のようなものだといえます。

では、日本の家の屋根の基本形である寄棟（よせむね）、切妻（きりづま）、入母屋（いりもや）の3種類について、それぞれの風と雨のしのぎ方を比較してみましょう。

寄棟は、屋根面の四方が傾斜している形式です。船首と同じで、どの方向から風が吹いても、抵抗を受け流すことができます。雨も四方に分散して落ちるので、自然素材の茅葺き（かやぶき）、杉皮葺き（すぎかわぶき）でも十分機能を果たせるのです。

切妻は、開いた本を伏せたような山形の屋根です。寄棟とは違い、三角の面（妻と呼びます。ほかの面は平）には風がぶつかり、雨も落ちません。妻側の屋根裏に窓をつけ、屋根裏を明るくし、風をとおすことも可能です。この切妻屋根は屋根裏で蚕（かいこ）を育てる養蚕（ようさん）に好都合でした。

飛騨地方の白川郷の家々が合掌造（がっしょうづくり）なのも、養蚕のためです。屋根裏を2、3層構造にしたのも、屋根は約60度の急勾配にし、雪が屋根に積もらないようにしています。冬は雪の落ちにくい妻側から出入りするのが安全です。

入母屋は、屋根の上半分を切妻に、下半分を寄棟にした複合形式の屋根です。それぞれの長所をいかした構造で、風雨をしのぎつつ、屋根裏の通風にも配慮できます。妻側に換気口を開けるのは、囲炉裏から出る煙を外に出すためです。

屋根をひっくり返すと船の形になる

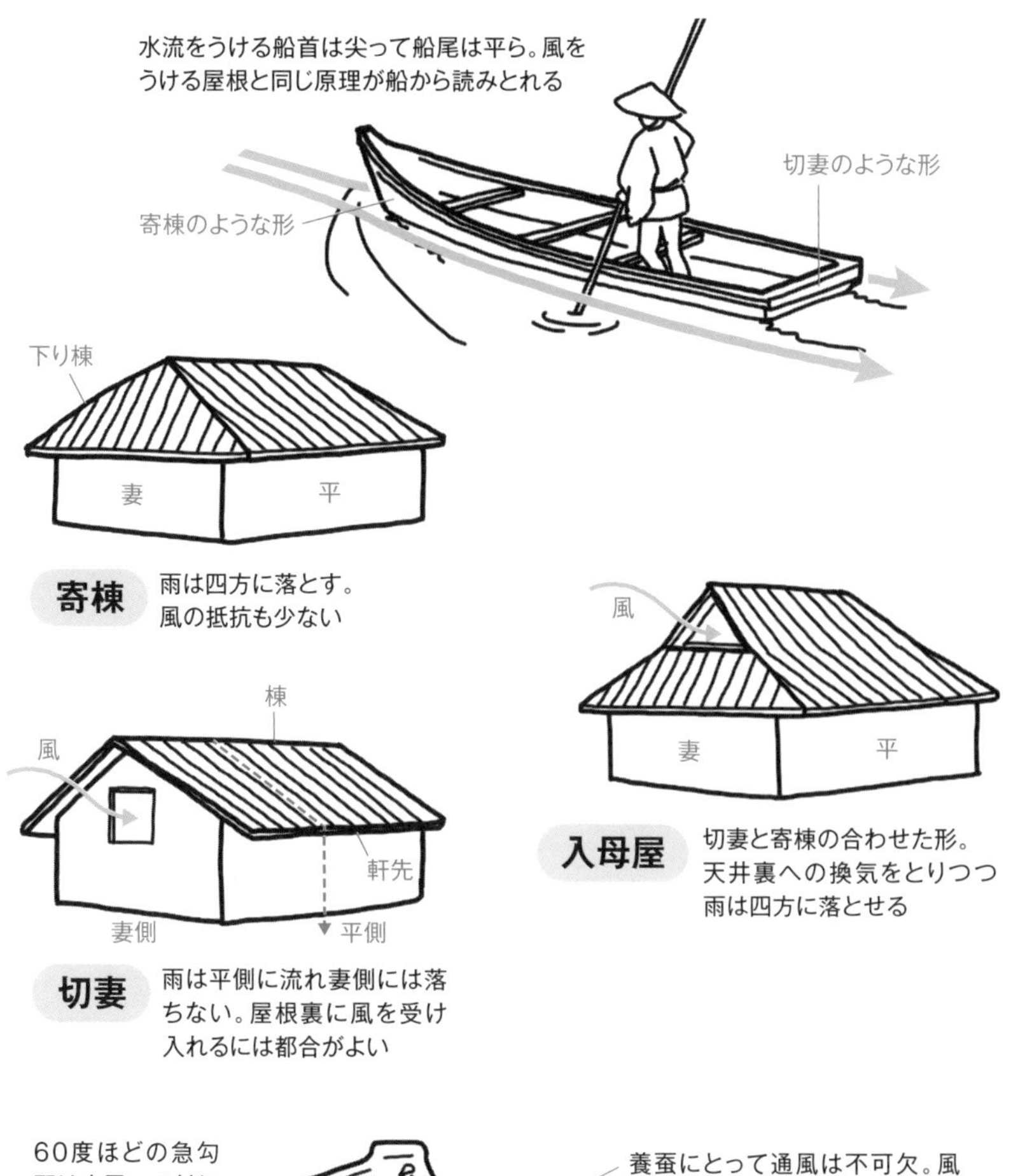

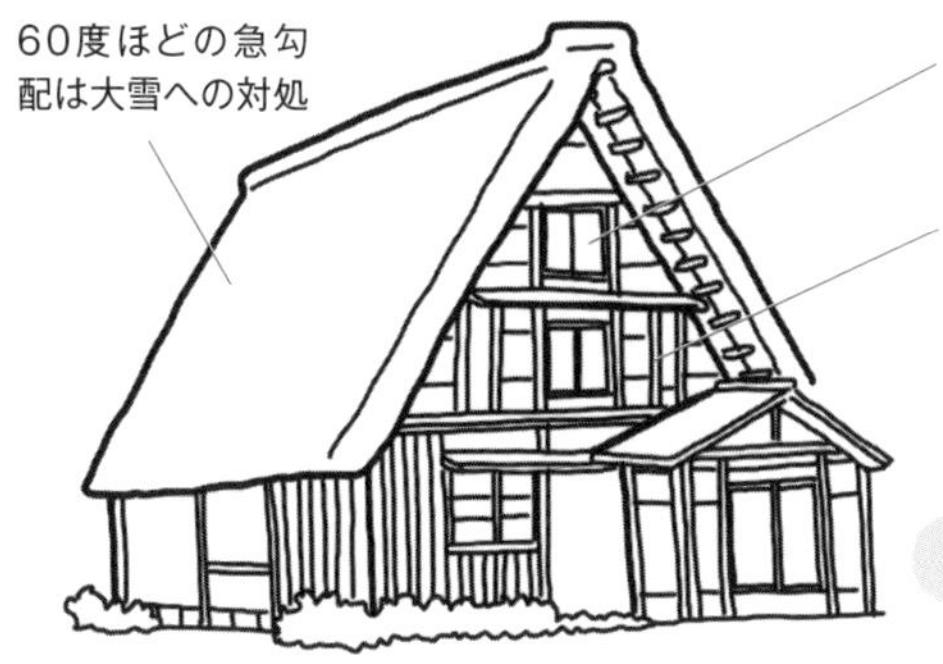

飛騨白川郷の合掌造

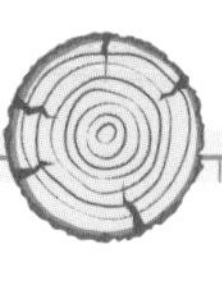

2 一つの部屋で暮らせるのにはワケがある

「畳む」文化に潜む日本のライフスタイル

日本人の生活には、「畳む」ものがたくさんあります。家具はちゃぶ台、座卓、衣桁（衣類をかける道具）、屏風など、寝具も布団です。ほかにも和服、蚊帳（蚊よけの網）、風呂敷、提灯、扇子など、あげればキリがありません。

いずれも畳めばコンパクトになり、運びやすく、簡単に収納できます。この特徴をいかして、私たちは部屋を有効につかっていたのです。

朝は布団を畳んで押し入れに収納。かわりにちゃぶ台を出せば、その空間は寝室から食堂へ一変します。ちゃぶ台を上等な座卓にすれば、あっという間に客間です。金屏風を置けば、結婚式場にもなり、夏は蚊帳を出して蚊を防ぎます。

押入れ付きの部屋が一つあれば、十分暮らせたのです。

これに対し、**西欧の家具は部屋の機能を固定します。ベッドを設置すればそこは寝室、テーブルを置けば食堂、ソファをセットした部屋はリビングです。**日本では部屋の名前を機能ではなく、6畳間、8畳間と広さで呼ぶのは、家具の違いによるものだといえます。

ヨーロッパの感覚では、日本の住宅はかなり狭く見えるようで、かつては「うさぎ小屋」と揶揄されたこともありました。しかし、それは住まい方の違いにすぎません。**部屋の機能を家具で固定するのと、状況に応じて変化させるのと、どちらが優れているかは、考え方次第だといえます。**

たとえば現代のワンルーム暮らしも、折り畳む家具をつかえば決して狭くはありません。和服のように畳める衣装は、洋服の4分の1のスペースで収納できます。これは日本人が考え出した生活スタイルなのです。

日本は折り畳むものであふれている

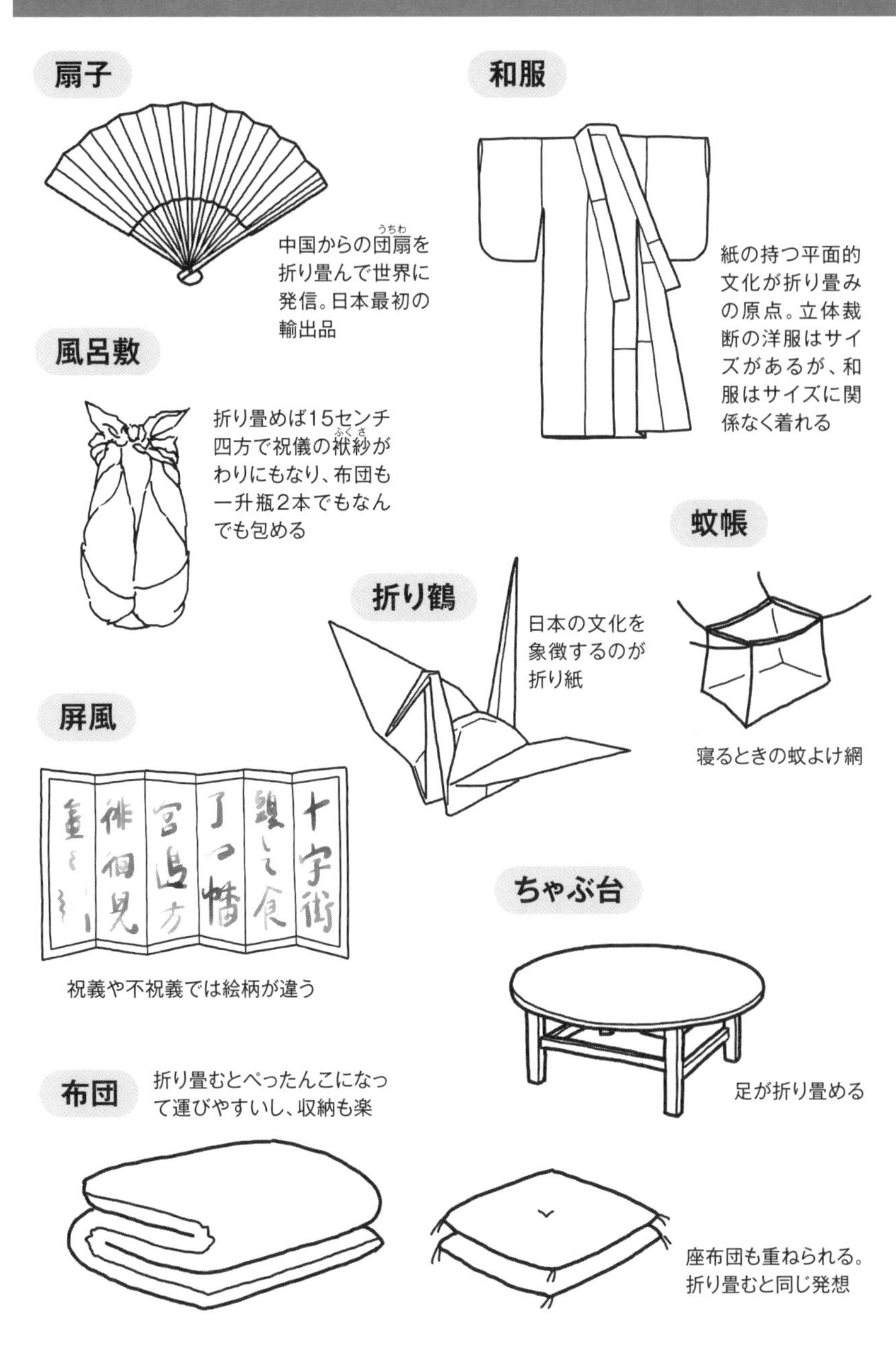

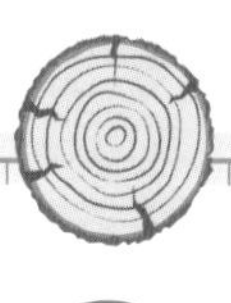

3 縄だるみ曲線って知っていますか？

日本の曲線は直線からうまれた

日本と西欧では曲線が違うといったら驚くかもしれません。たとえば熊本城の石垣の稜線は下にさがるほど曲がりが強くなっています。お寺の屋根もよく見ると、上と下で反り具合が違っていることがわかるでしょう。

　このような曲線はヨーロッパでは見られません。なぜなら、彼らはコンパスをつかって曲線を描いたからです。直線は定規をあてて引きますから、曲線と直線はまったく別物という感覚でした。

　ところが日本は違います。**昔の大工さんは「たわみ尺」と呼ばれる薄く長い板を持っていました**。目盛りは刻まれておらず、長さは、はかれません。彼らはこの板の両端をつまんで力を加え、たわませて曲線を描いたのです。力の入れ加減をかえればさまざまな曲線が描け、たわませなければ直線になります。**つまり日本では、曲線は直線の一部だったといえるのです**。こうした曲線は、今も至るところに存在しています。たとえば茅葺き屋根。正面から軒先を見ると直線ぽいのですが、実際は若干、弧を描いています。これは軒の両端を何センチか持ち上げるための曲線で、両サイドが垂れて見えないようにする工夫です。

　寺社の手すりにも、先端にいくほど反りのキツいものがよくあります。伝統建築に見られる花頭窓も、コンパスの発想ではない曲線の一つです。

　茶碗もそうですし、日本刀や薙刀も同じです。これらに魅せられる外国人が多いのは、ヨーロッパにはない曲線だからなのかもしれません。名著『日本デザイン論』（鹿島出版会）の著者・伊藤ていじは、**この曲線が神社の拝殿や鳥居に垂れるしめ縄の姿に似ているところから、「縄だるみ」と命名しています**。

日本の曲線は巷にあふれている

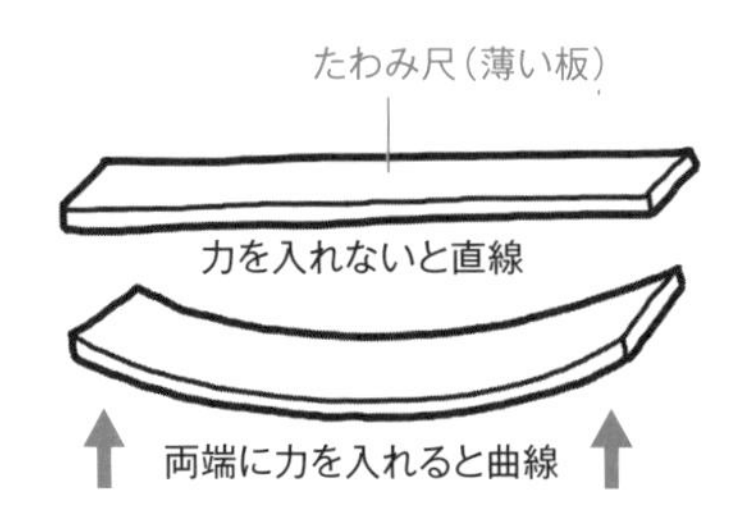

しめ縄

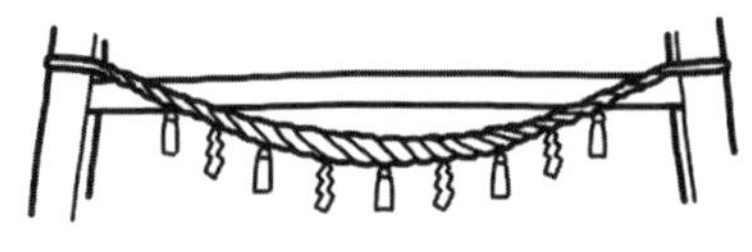

しめ縄がたるんだ姿から縄だるみという

日本刀

外国人が日本刀を好むのは、
独特な縄だるみの反りにある

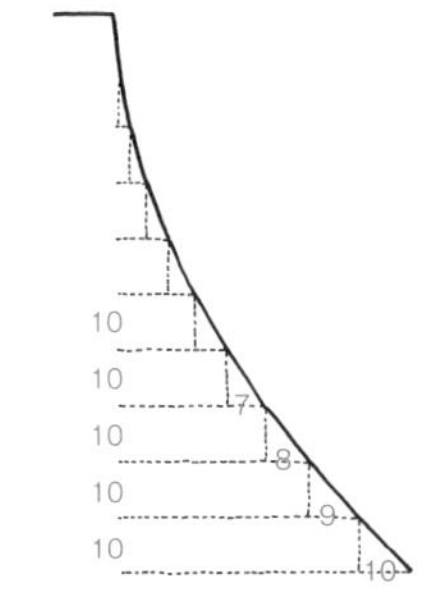

少しずつ勾配の違う直線をつないでいくと全体として曲線になる

花頭窓

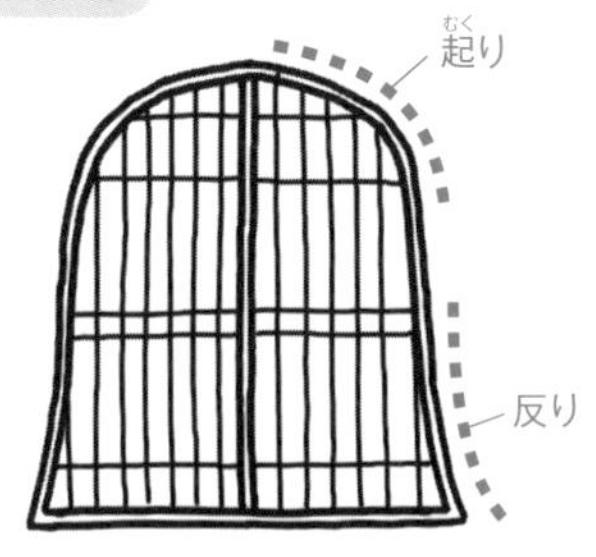

バレン1枚で起りと反りができる

茅葺き屋根

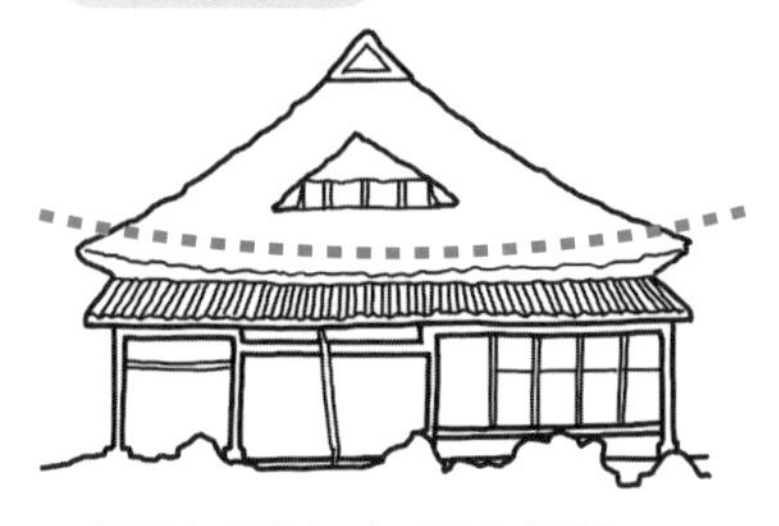

両端を上げることで軒先が垂れて見えるのを防ぐ

石垣

石垣を積むのに設計図はない。石工は、足元と天端を決めて積み上げていくと曲線がうまれる

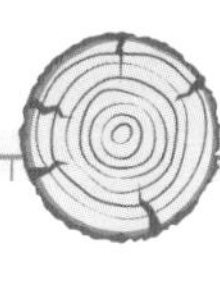

4 地方で違う畳の寸法

畳の寸法はなぜ3尺×6尺前後なのか？

日本人の平均的な肩幅は1尺5寸（45・5センチ）。**廊下でふたりがすれ違うには倍の91センチ（3尺）が必要なので、畳の短い一辺（短辺）の幅はこの長さが基準になっています。**長い一辺（長辺）が2倍の182センチ（6尺）なのは、畳を組み合わせやすくするためです。

しかし畳には地域差があります。このサイズの畳は愛知県周辺に多く、中京間と呼ばれます。これに対して、西日本では幅に余裕をもたせ短辺95・5センチ（3尺1寸5分）、長辺191センチ（6尺2寸）の京間と呼ばれる畳が一般的です。東日本でつかわれる江戸間は、88センチ×176センチなど小振りになっています。

建築計画（間取り）の考え方にも地域差があります。京間や中京間では、畳を並べた寸法に合わせ、その外側に柱を立てます。その結果、柱の中心から中心までの寸法は、畳の枚数分プラス柱1本になるのです。畳を基準にするこの方法を畳割りといいます。

ところが関東では畳ではなく、柱と柱の中心間の距離（一間は約182センチ。91センチ刻み）を基準にします。そのため、畳の寸法が柱の分だけ小さくなり、枚数の違う10畳間と6畳間では畳の寸法が異なるようになりました。この方法を柱割りといいます。

江戸間に、伝統的な和ダンスセットがおさまらないことがあるのは、このためです。

一方、畳寸法にとらわれない柱割りは、設計が楽で早いため、火事の多い江戸でつかわれ始めたのです。その利便性の高さ、そして畳利用の減少もあって、現在では柱割りが多くなっているようです。

畳のサイズは身体に由来する

畳割り

柱間は、畳寸法 ＋ 柱幅1本分

畳幅を基準にする

中京間
（京間はさらに大きな8畳間になる）

畳を基準にするので襖や障子も規格化される。つかい回しが可能

柱割り

柱間を基準にする

畳幅は柱間 － 柱幅1本分

江戸間

畳数の違う部屋の畳はつかい回しができない

●地方で違う畳寸法

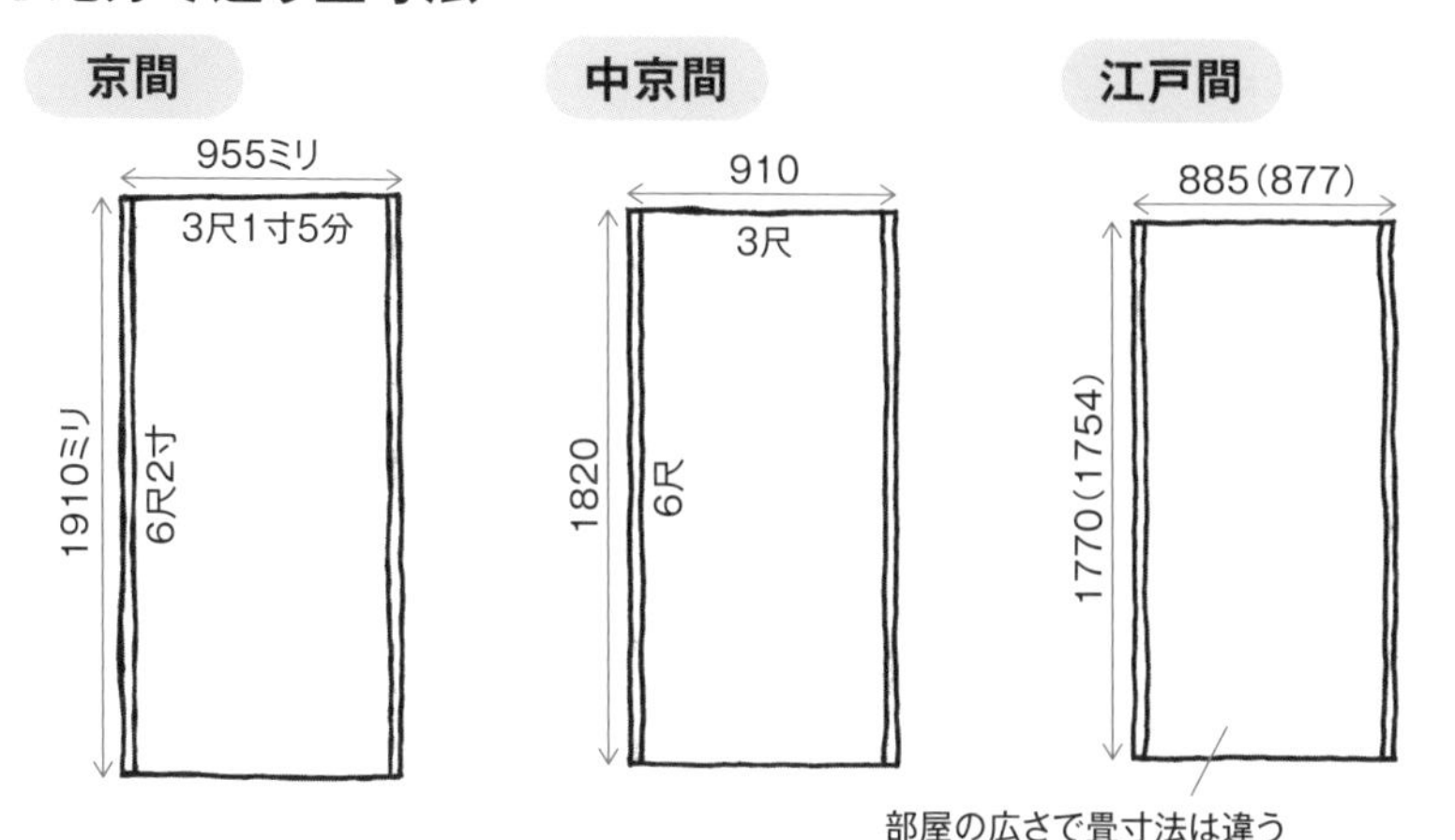

●畳と身体サイズ

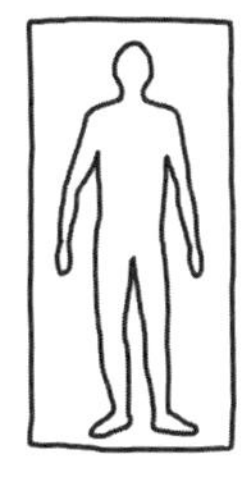

立って1畳

座って半畳

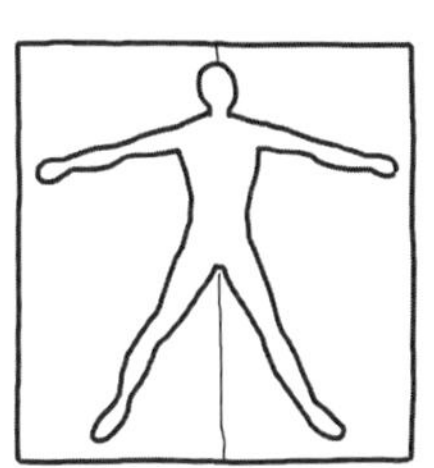

両手足を広げれば
畳2枚で1坪になる

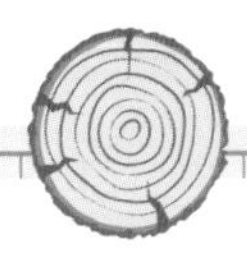

5 建物は住み続けることで完成していく

建築物は完成ではなく竣工という

「竣工」とは、建築工事が終わったことを意味する言葉です。だったら完成と同じではないかと思うかもしれませんが、それは違います。

建物は住み続けることで完成に近づいていくと考える文化が、日本にはあるからです。

たとえば岐阜県の飛騨高山にある吉島家住宅（国指定重要文化財）をご存知でしょうか。この古民家の魅力の一つが柱、梁、縁板の光沢です。この光沢は竣工時からあったものではありません。

柱や梁に塗られた滓漆は、最初は黄色が目立ち、落ち着いた色調ではなかったはずです。住む人が何代にも渡って乾拭きし続けたことで、現在の飴色の光沢（拭き色）がうまれました。建築にとっての竣工は完成ではなく、むしろ美しさの始まりなのです。

この考え方は建築以外にも見られます。その一例が、千利休の好んだ楽茶碗です。初代・長次郎はもともと瓦師でした。彼の窯には天井がなく、高温を持続できません。そのためガラス質の長石が溶け切らないで、黒褐色の艶のないザラッとした表面（カセ肌）になるのです。

しかし、茶筅で表面が削られると茶渋がつき、さらに手の脂が染み込むことで、赤サビのようなムラが味わいある肌に変化します。

つくり手とつかい手の時間をかけたつながりが、「わびさび」をうむ条件だったのです。竣工という言葉には、こうした変化を楽しみ、時間をかけて完成させる文化があるといえます。

現代では、合板に薄い銘木をコーティングする手法も登場しています。こうした建築物は、工事終了で完成といえるかもしれません。手入れが少なく楽でしょう。どちらがよいかは、住み手の考え方次第でしょう。

建築儀礼には意味がある

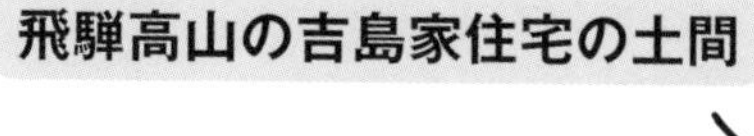

建具や柱に塗られた春慶塗りの滓漆が囲炉裏の煤と拭き込むことで飴色の光沢がうまれた

縁甲板は顔が鏡に写るほど光沢がある

地鎮祭

建設するにあたっての最初の儀式

しめ縄をはって聖域を設ける。ここに天の神を呼び、地の神に荒れないように鎮める儀式

上棟式

棟木をのせ骨組みができたときの儀式

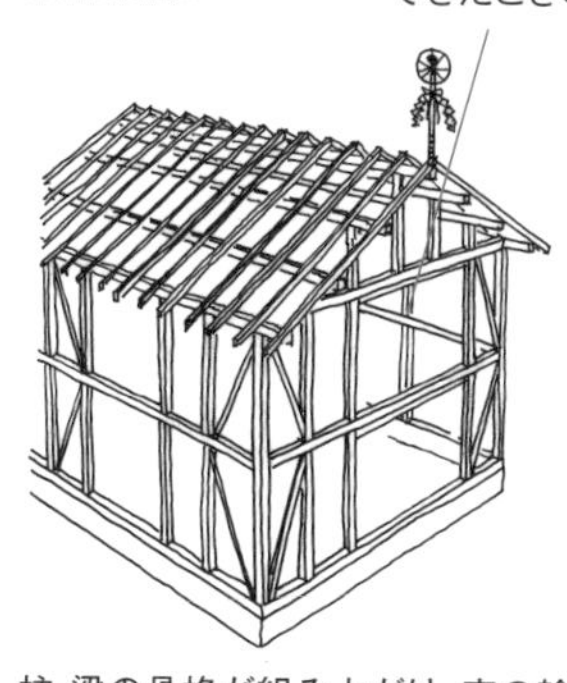

柱･梁の骨格が組み上がり、家の輪郭が見えてくる。その家への魔物の侵入を防ぐ儀式。

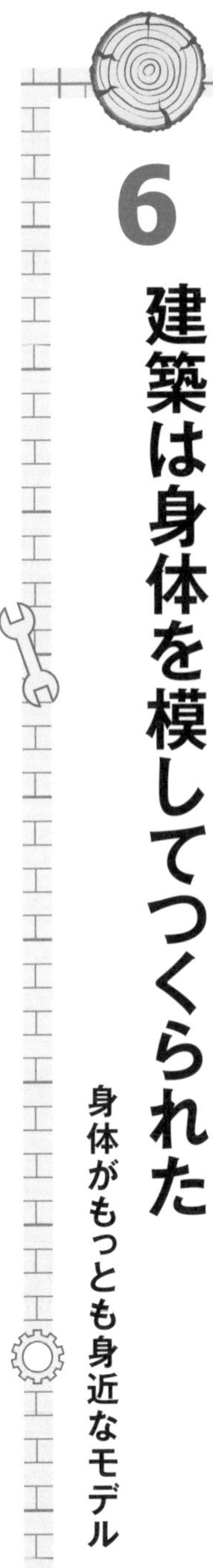

6 建築は身体を模してつくられた

身体がもっとも身近なモデル

子どもたちの描く家の絵には共通点があります。多くの子が四角い箱に三角の屋根、左右に窓をつけ、その間にドアを描くのです。

この絵は人間の顔に似ています。しかも窓は外を見る目、庇（ひさし）は眉毛のように窓を保護し、ドアは食べ物の入口ですから、機能までそっくりです。これは偶然ではありません。

私たちは毎日自分の身体を見て、つかい込んでいます。何かをつくるとき、それをモデルにするのはむしろ当然のことだといえるでしょう。

たとえば、お碗は両手、スプーンやひしゃくは片手で水をすくう形をモデルにしていますし、フォークも5本の指を模しています。

建築も同様です。人の全身をモデルにした建築の代表例に、十字架形のキリスト教会があります。平面図先端にある内陣（聖所）は頭のように球形です。左右に広げる両腕部分は袖廊（そでろう）、胴体と足にあたる中心部は身廊（しんろう）と呼ばれます。この名が示すように、磔（はりつけ）にされたイエス・キリストの身体を建築化したデザインなのです。

母胎をモデルにしたとされる住まいも数多くあります。代表例はモンゴルの伝統的な家屋、ゲルです。ゲルの中央には解体用の紐が下げられているのですが、**ゲル内を子宮、紐をへその緒とイメージすれば、母胎を建築化したものだとわかります。日本でも民家の納戸や寝殿造の塗籠（ぬりごめ）と呼ばれる寝室が同じ構造です。**

いずれも入り口は一つで、窓はありません。子宮のような空間で身体を休め、朝になると、再びうまれかわるように外に出る。

まさに母胎のイメージを造形化したものと考えられるのです。

身体をモデルにした建築物

家と顔のアナロジー

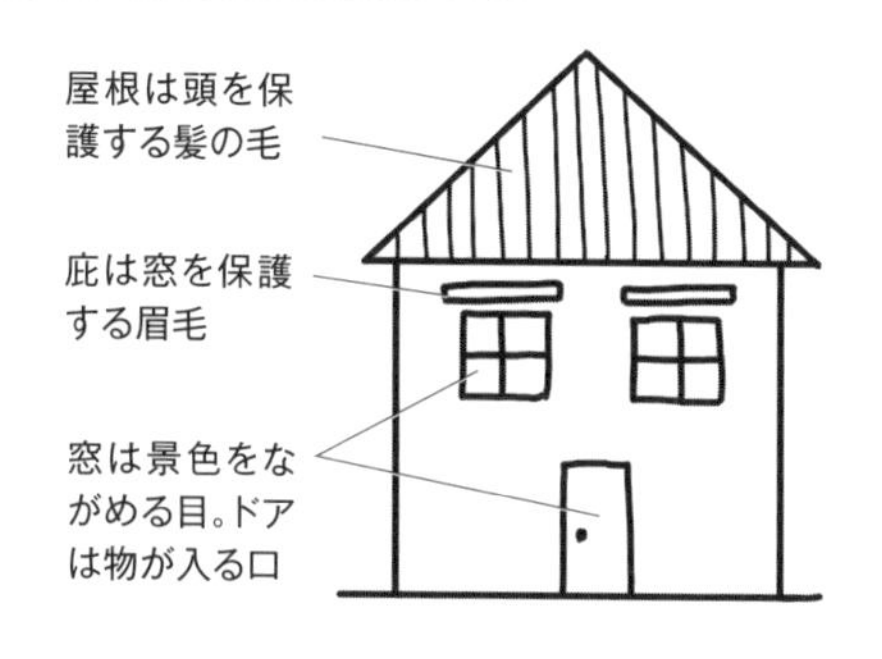

教会のアナロジー

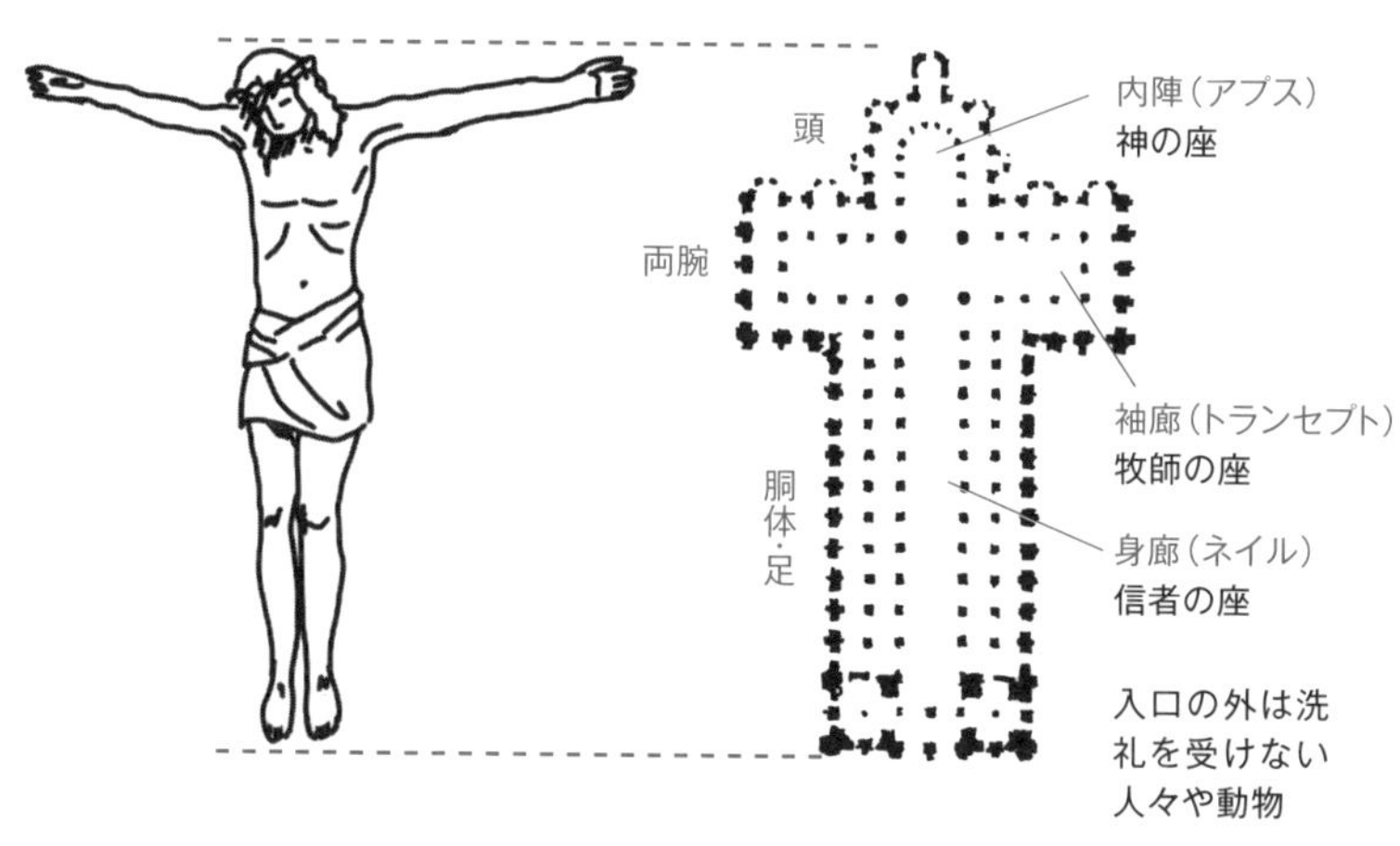

モンゴルのゲル

入口は一つだけで内部は壁に囲まれ子宮と同じ構造

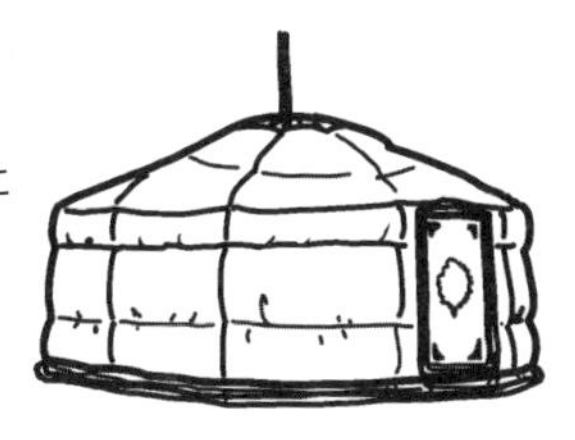

7 平安貴族の住まい寝殿造は家具に注目

家具をつかって空間をつくりかえる

平安時代の貴族が暮らした住まいを寝殿造といいます。中心にある寝殿は、広いワンルームに塗籠という寝室をセットにした建物です。**同じようなワンルームの対屋を三方に配置し、コの字型に回り廊下でつないだ形式になっています。**

家は女子が相続し、寝殿の主人は女性でした。対屋には成人になった娘が住み、そこに男が訪ねます。いわゆる通い婚です。

寝殿の前に池をつくるのは、夏の暑さ対策。寝殿の外周は蔀戸という跳ね上げ式の板戸で囲まれており、昼間は基本的に開け放しだったのです。御簾と壁代と呼ばれる布切れを垂れ下げるだけですから、冬の寒さが問題でした。

十二単衣の重ね着は、防寒のためという側面もあったのかもしれません。

寝殿内のワンルームは、来客や宴、儀礼、さらには出産などの状況に応じ、場をつくりかえる必要がありました。ここで活躍するのが調度と呼ばれる小道具や家具類。来客には板敷きの床に畳2枚を並べ、茵（座布団のような敷物）を重ねて座をつくります。さらに屏風、几帳、帷帳、衝立をつかって仕切ることで、場に相応しい空間をつくりました。そうすることを室礼といいました。

このように建具が少なく、調度が非常に豊かなのが平安時代の特徴です。のちに武士が住んだ書院造では、逆に調度が減り、建具が増えていきます。

両者には共通点もあります。その一つが高床です。高床にいる人と地面にいる人とで身分差を目上と目下の関係で表現したのです。こうした身分差を建築化する考え方は支配層の象徴として書院造に、より徹底した形で受け継がれます。

ワンルームを必要に応じて調度で仕切る

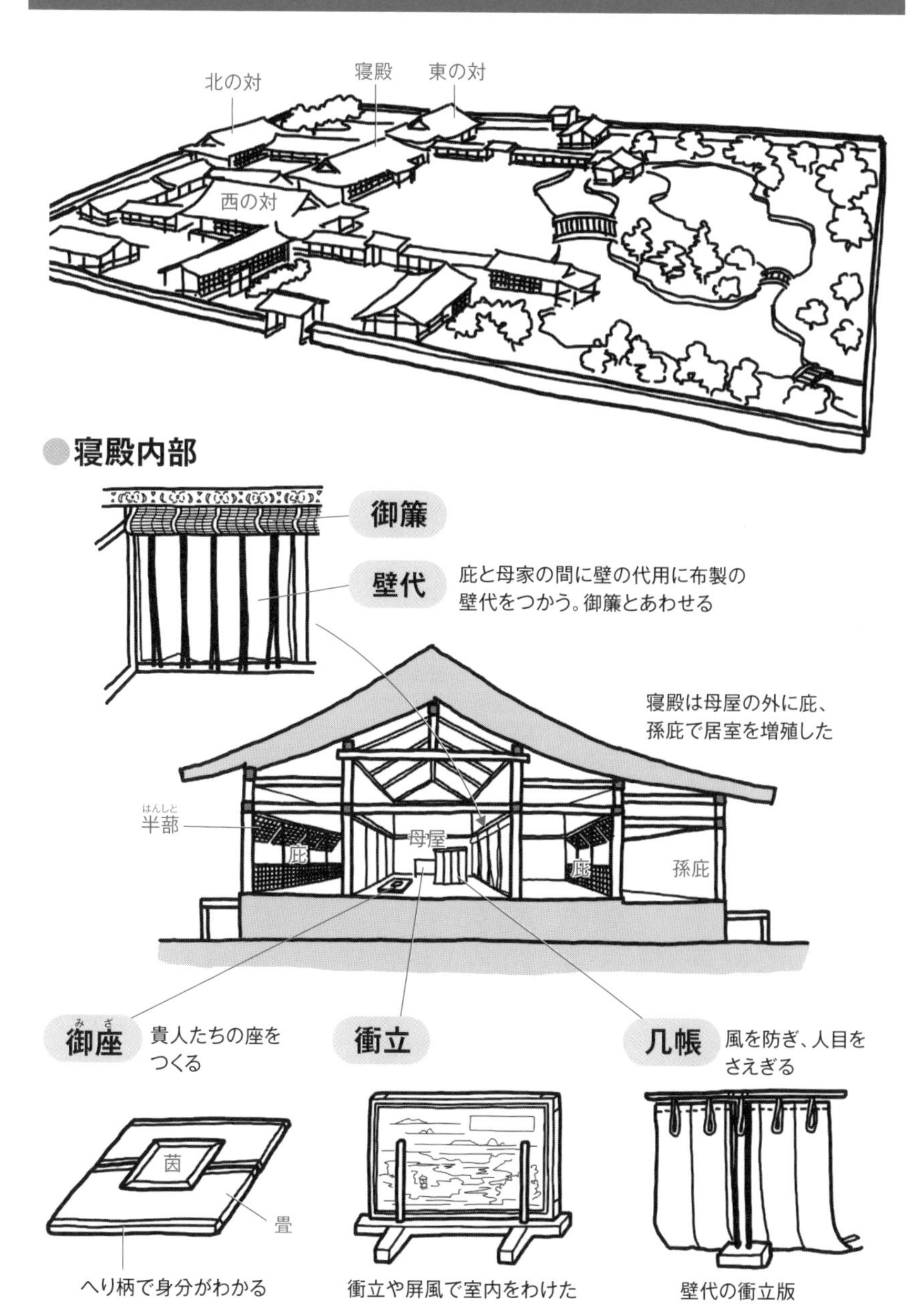

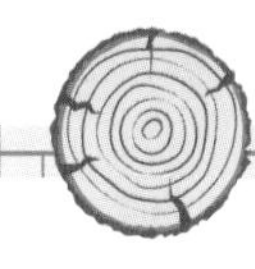

8 武士の住まい書院造は建具で見る

主従関係を視覚化した書院造

近世、江戸時代に成立した武士の住まいを書院造と呼びます。戦いを本業とする武士にとって、何より重要なのは主従関係でした。その考え方は建築にも反映されています。

まず最優先されたのは、主人の威光を印象づけることです。中世までの武家住宅では別々にあった床の間、違い棚、付書院（つけしょいん）の3点が、近世には一体化され、座敷飾りとして主人の背後に配置されたのはそのためでした。そうすることで主人の尊厳を高めたのです。書院造は、上下関係のある武士たちが同席する場でもあります。

中世まで、主人は中央の部屋で庭に向かって座り、家臣たちと対面していました。しかし、もっと大勢の家臣と謁見（えっけん）する必要がある場合、これでは家臣同士の序列が示せません。

そこで書院造では庭に沿って3、4部屋を並べ、座敷飾りのある上段の間、下段の間、三の間と部屋を序列化するようになりました。

意外かもしれませんが、書院造の原型は、ワンルーム型の寝殿造だとされています。数百年をかけて部屋が分割され、まるで違う姿になったのです。部屋を隔て方に注目してください。

書院造では、部屋の区切りは壁ではなく、襖（ふすま）や障子戸です。これを開放すれば上段の間と下段の間が分断されず、主従関係を可視化できます。

しかし、すべての建具を外せば、広間型の寝殿造にそっくりです。

もう一つの違いは天井です。寝殿造になかった天井を設け、床板に畳を敷きつめたことで、書院造は印象をガラリとかえました。**3点セットの座敷飾り、天井と畳のある部屋の並び、さらに玄関の存在が、書院造を見分けるポイントです。**

書院造は座敷飾りと引き戸がポイント

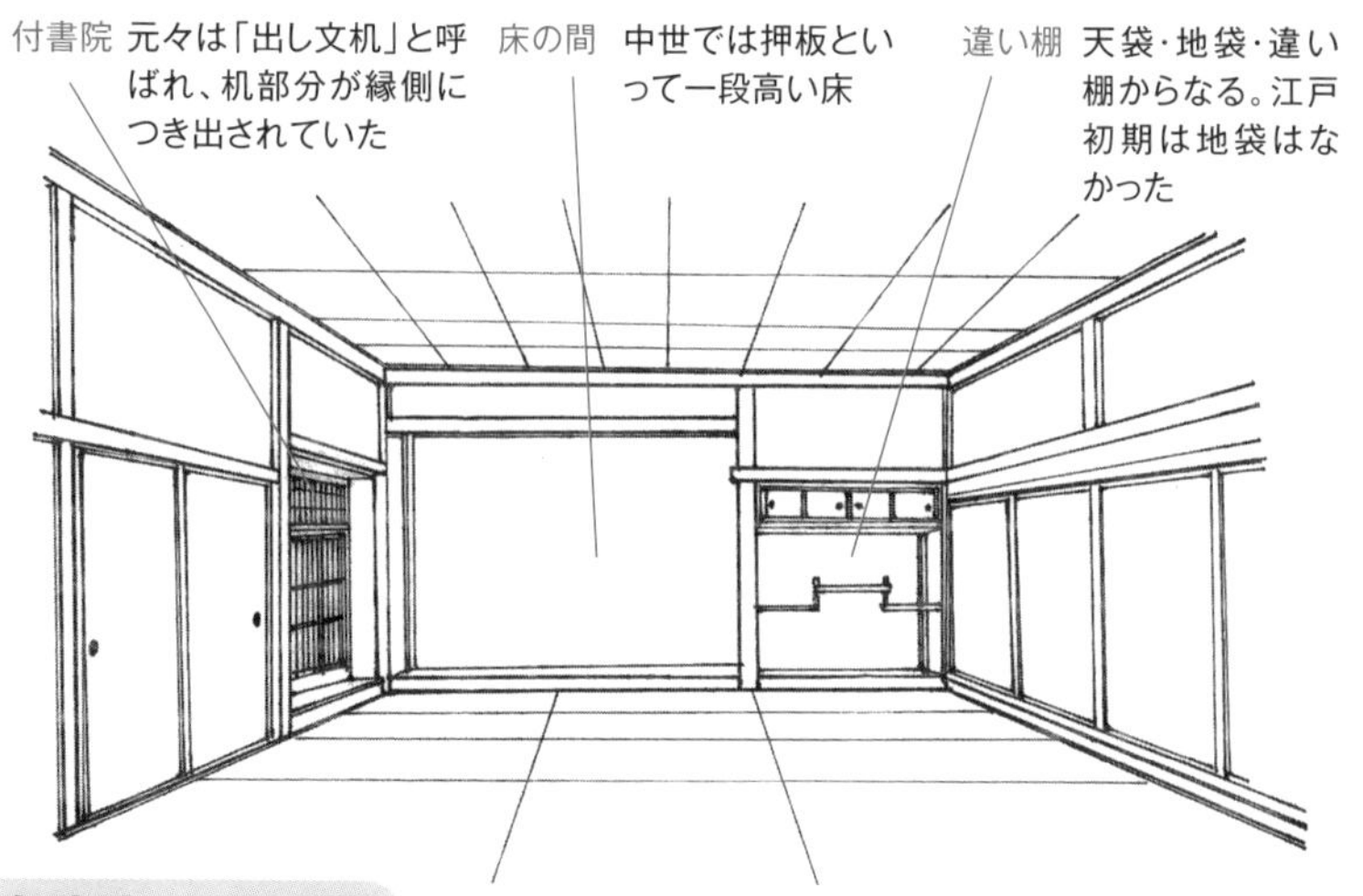

書院造・上段の間 中世の住宅に別々にあった床、棚、付書院を3点1セットで飾った

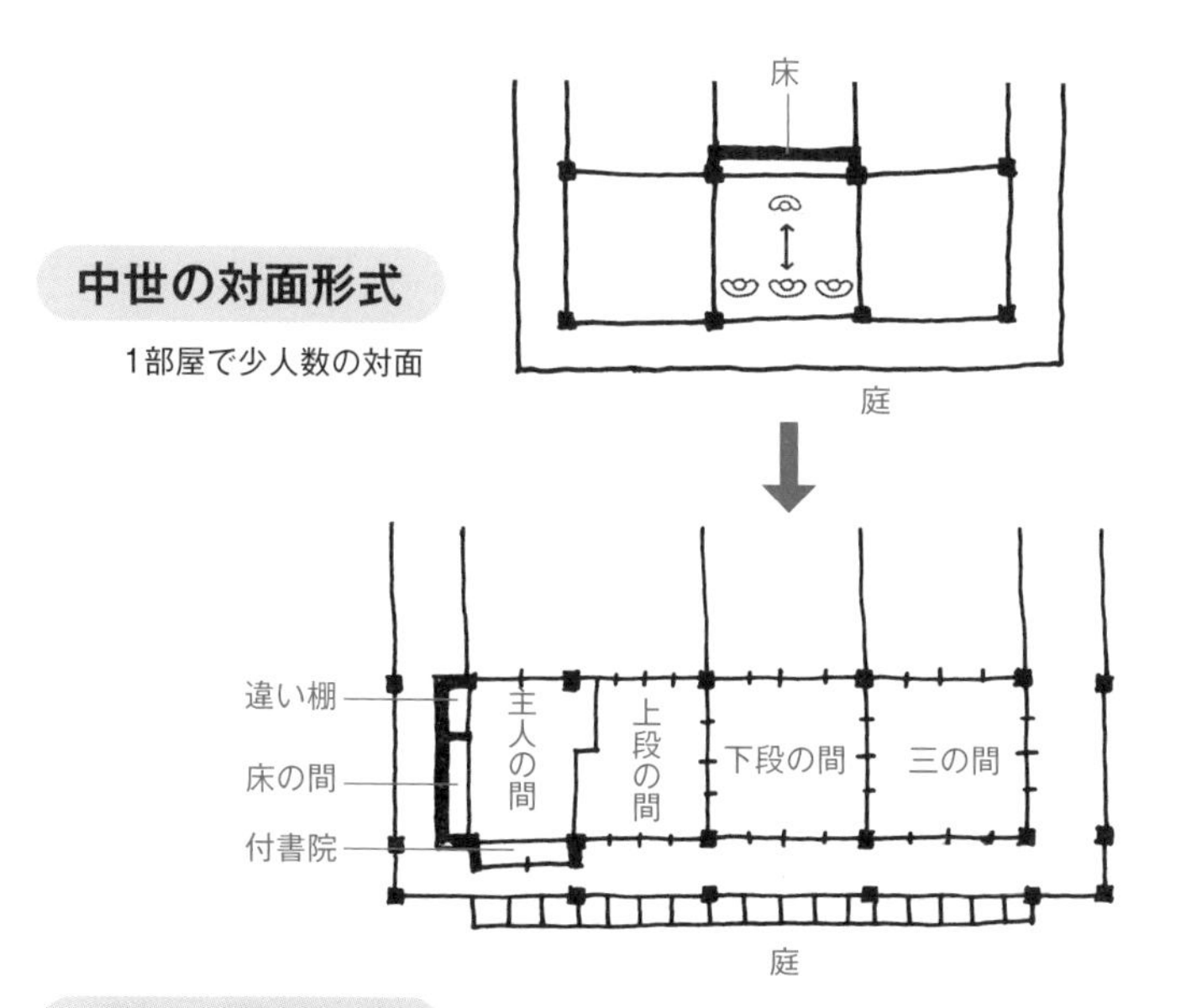

中世の対面形式

1部屋で少人数の対面

近世の対面形式

各部屋は襖で仕切られている。一同が会するとき襖が開かれ、身分差が可視化される。部屋の序列化で、より明確になる

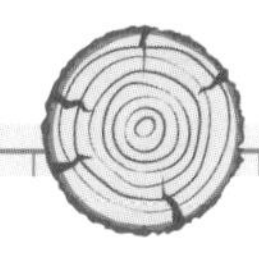

9 サラリーマン住宅のルーツは武士の家

今日の住宅には武家屋敷の格式が残っている

サラリーマンという存在が日本にうまれたのは、明治時代です。彼らはそれまでなかった新しい市民層でした。毎日職場に通勤するライフスタイルに、職場（店や仕事場）と住居が一体になった町家は不向きです。新しい市民たちが選んだのは、住まい専用の武家住宅でした。

その名残りは現在も残っています。たとえば家の前に門を構え、玄関や床の間をつくるのは、かつては武士にだけ許された格式でした。庭を塀で囲むのも町家にはあまり見られないスタイルです。

サラリーマンが最初に利用した住宅は玄関から6畳、8畳をとおり抜け、床の間のある10畳に至ることで格式を持たせる、武家の住まい方そのものでした。

明治末期になると、ここに中廊下がつけられ、各部屋を独立的につかうことが可能になります。

ただし、部屋の仕切りは襖（ふすま）のまま。冠婚葬祭を自宅で行う習慣が残っていたので、壁にはできなかったのです。そして、当時憧れの的だった洋館が玄関脇に設けられるようになります。**この中廊下式の和洋折衷住宅は大正から昭和初期に大流行し、昭和40年代まで建てられ続けました。**

現在のような居間中心型の住宅が一般化したのは、高度経済成長期です。当時テレビで人気だったアメリカのホームドラマの影響を受け、同時期に登場したハウスメーカー各社がこの流れを後押ししました。

生活家電の普及した家庭に、もはや女中部屋（お手伝いさんの居室）は不要です。さらに縁側を削り、憧れの広いリビングルームができあがりました。そしてイスに座って食事をし、ベッドで眠るスタイルが日本にも定着したのです。

明治、昭和初期の住宅

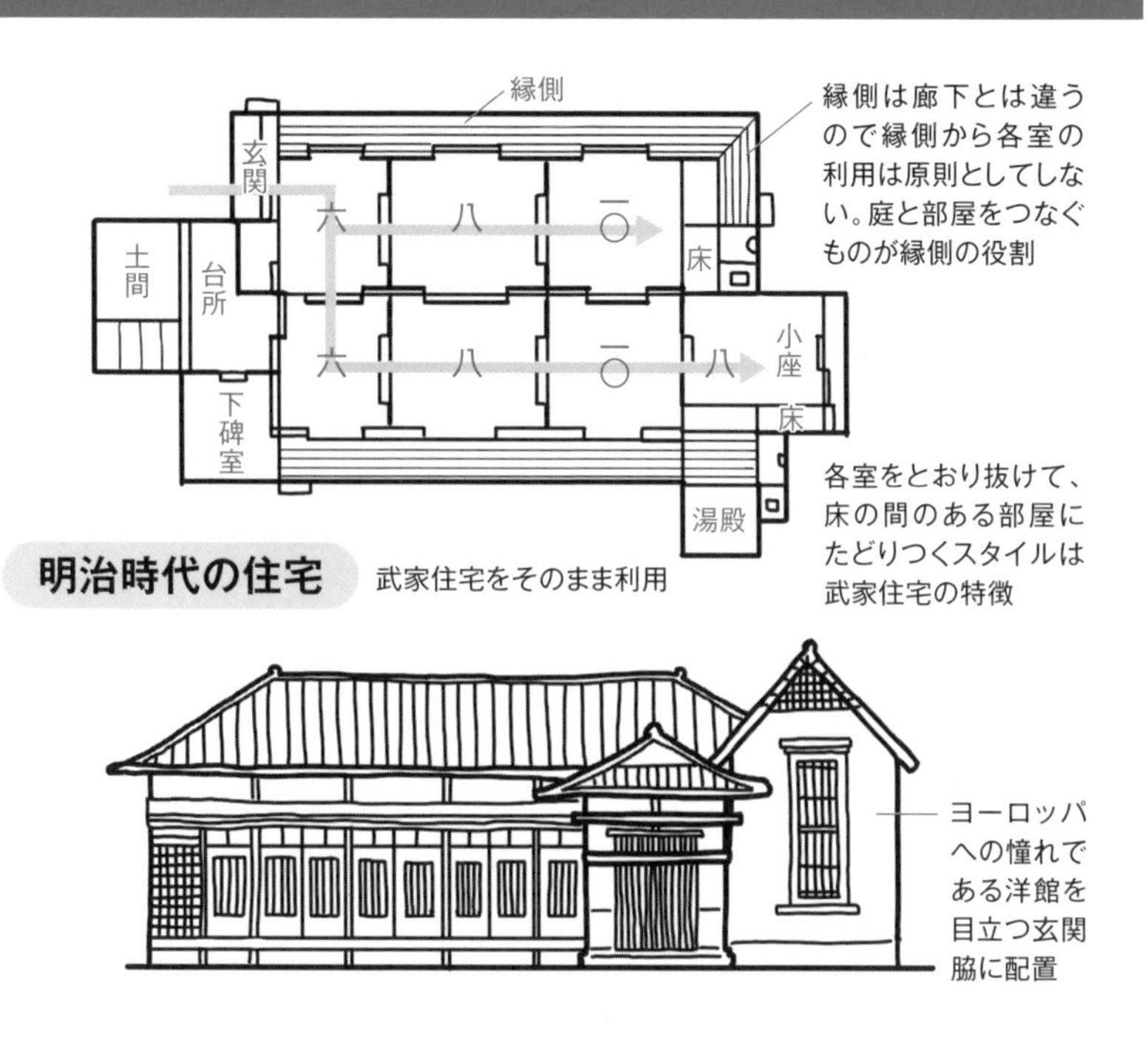

明治時代の住宅　武家住宅をそのまま利用

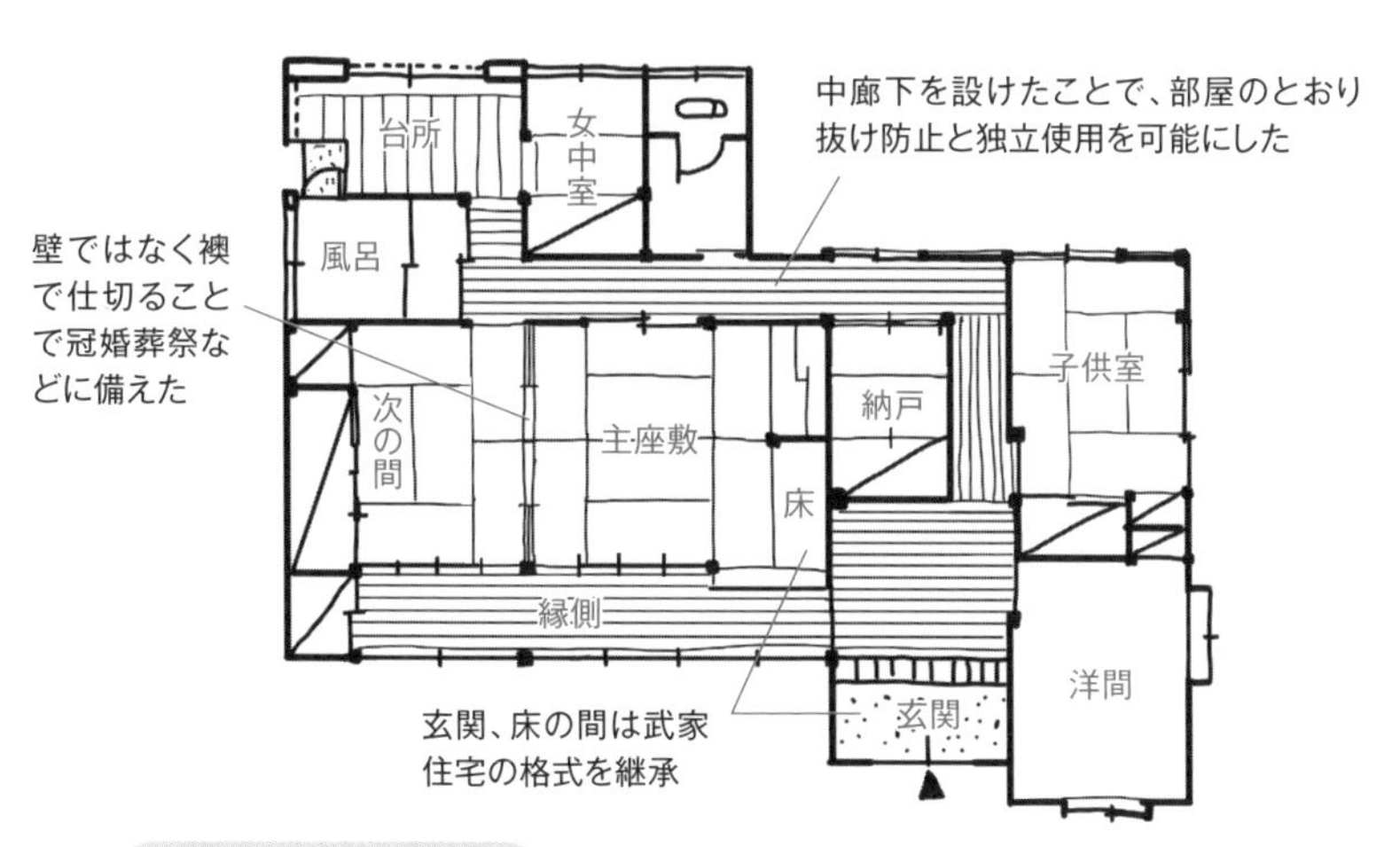

昭和初期の住宅　中廊下式の和洋折衷住宅は、市民に最も好まれた形式

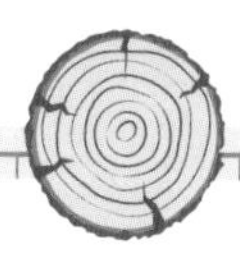

10 土間と板の間、畳の間の高さが違うワケ

床の高さで人と神仏の位がわかる

建物の床が平らなのは万国共通です。人類はもともと四足歩行でしたから、直立した今も岩場や斜面を歩くのは得意ではありません。だからこそ人間はフラットな道をつくり、フラットな面を重ねた階段を考えたといえます。ましてや休息の場である住まいの床を平らにするのは当然でした。

しかし日本の床はただ平らなだけでなく、3段階の高さを設けていたのです。

昔の一般的な農家を見ると、土間、50センチほど高い板の間、さらに3センチ高い畳の間と、三つの高さの床があることがわかります。

このわずかな差には、目上と目下という身分差を示す役割がありました。実際、床の材料も下から順に土、板、畳と高価になっていきます。

そして土間は使用人がつかい、板の間は家族、畳の間はおもに来客用だったのです。

人だけではなく、神仏も住みわけていました。**土間のカマドに祀られるのは荒神や竈神、洗い場や井戸は水神です。**これらは由来の明瞭でない土俗的な神々でした。**神棚は板の間にあり、天照大神や氏神、国津神が祀られます。**

いずれも『古事記』や『風土記』などに出てくる由緒ある神々です。**畳の間には仏壇が設けられ、釈迦や先祖が祀られました。**

神と仏は本来、上下差はないはずです。神（板の間）を鴨居の上、仏（畳の間）は下に祀ることが多いのは、そこを調整しているのかもしれません。

このように床の段差という些細な部分にも、人と人、そして神と人とのコミュニケーションが読み取れるのです。ちなみに土間は竪穴住居、板の間は貴族の寝殿造、畳の間は武士の書院造の名残りとする学説もあります。

人も神も床高差を住みわけた

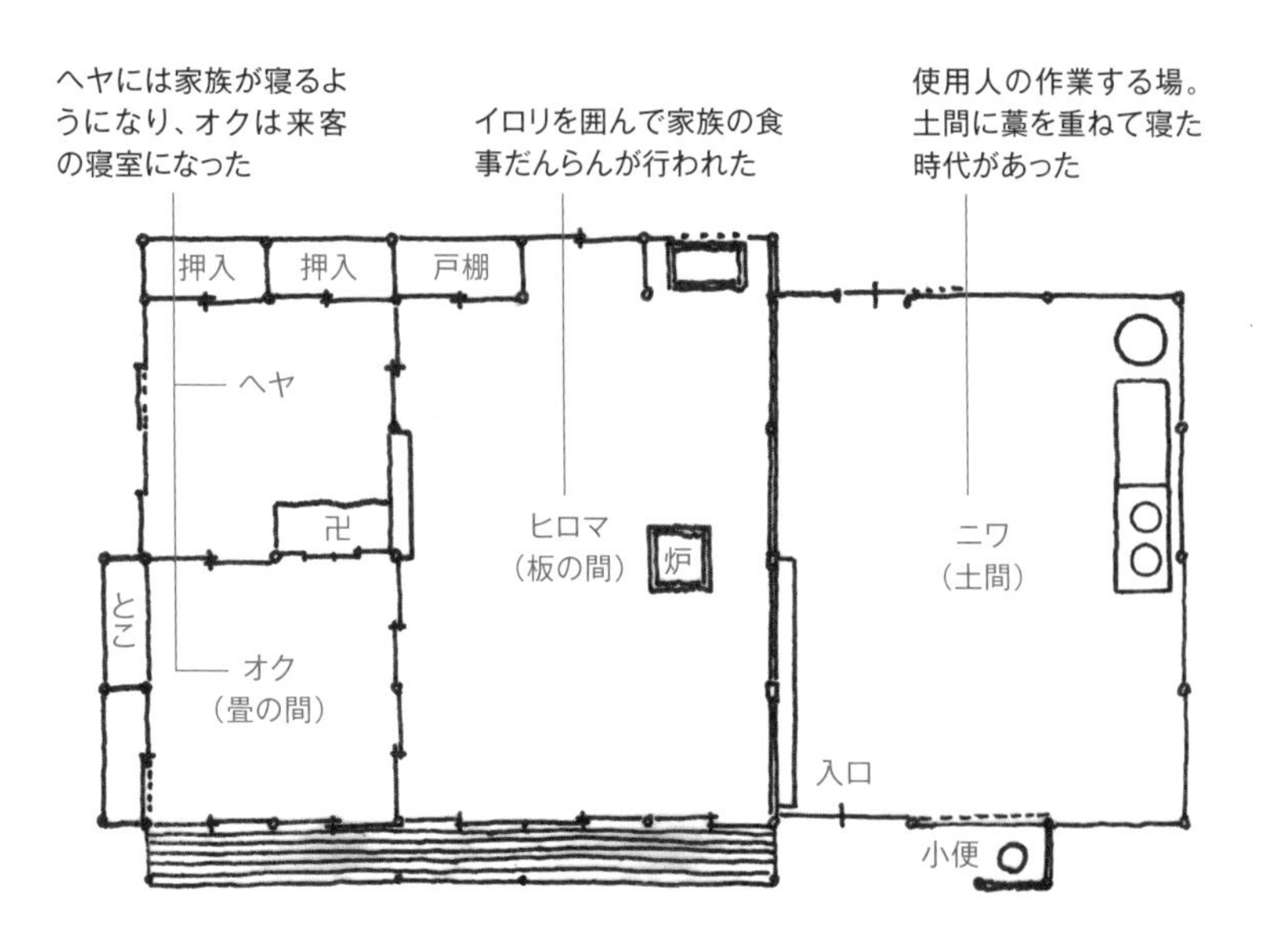

広間型の土間

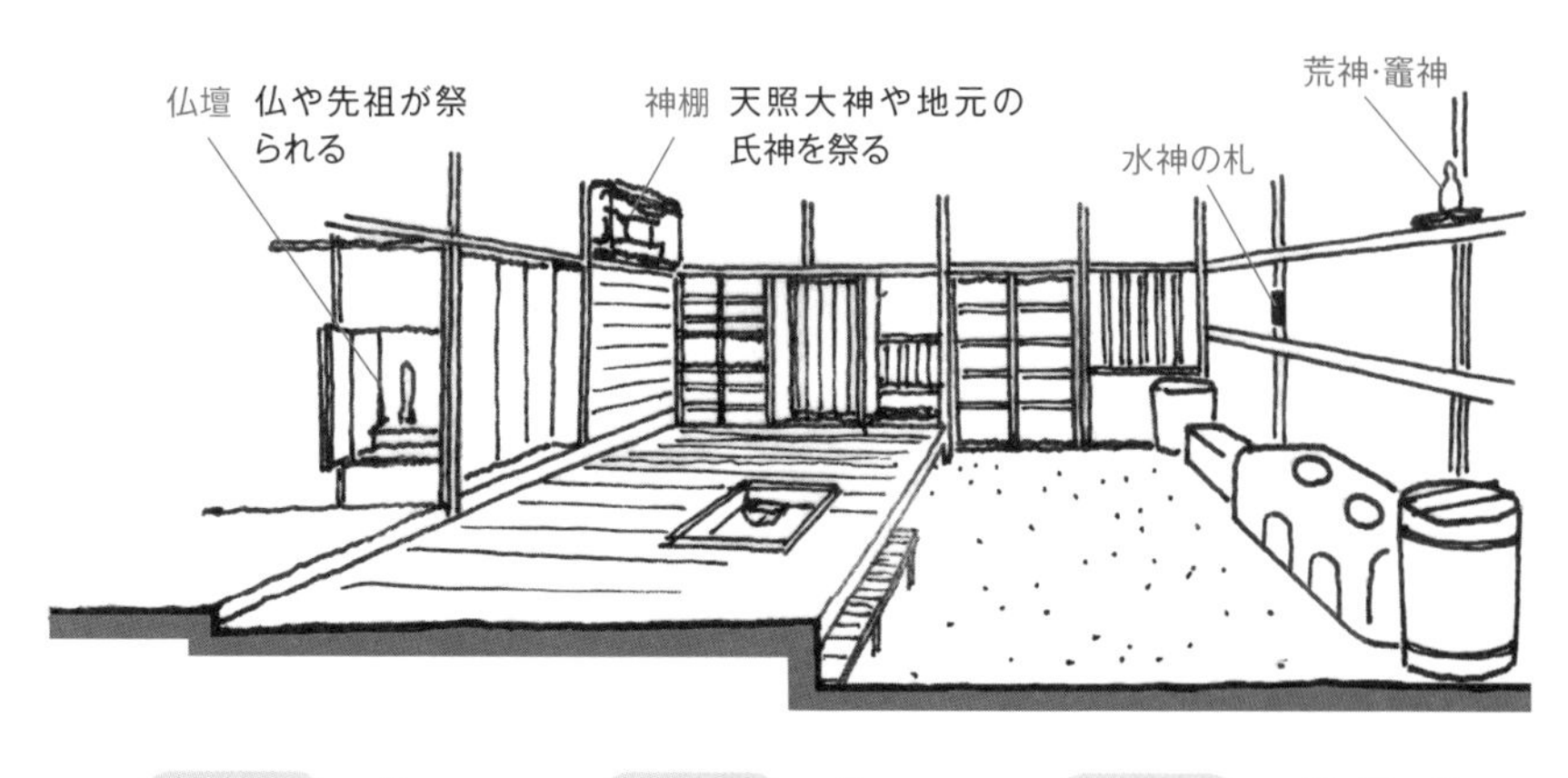

畳の間
・仏
・来客
・書院造

板の間
・神
・家族
・寝殿造

土間
・八百万の神
・使用人
・竪穴住居

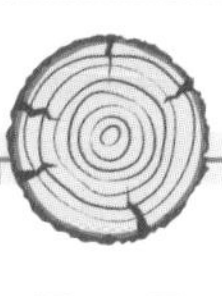

11 長屋とアパートは似ているようで違うもの

個人宅が連なっているのが長屋

長屋と聞いて、江戸時代の町人や職人が住んだ昔のアパートだと思っている人もいるかもしれませんが、実は長屋とアパートは別物です。

アパートは玄関、廊下などを共用していますが、長屋は共用せず、各住戸の玄関が直接外に面しています。両者は法律でも区別されており、共用利用度の高いアパートの方が厳しく規制されているのです。

江戸時代の裏長屋は平屋建ての間口9尺、奥行2間が並ぶ棟割(むねわり)長屋がよく見るスタイルでした。

間取りは1・5畳の土間に、4・5畳の部屋。住人は路地にある便所と井戸、物干し場を共同で利用しました。水を井戸から運ぶので、台所は表口の土間です。

明治時代になっても、多くの人が長屋に住んでいました。しかし部屋から台所を隠すために土間との間を仕切ったり、個別の便所が見られるようになります。

そして大正時代になると、2階建ての長屋が登場。2階に座敷が設けられ、日の当たる路地側に物干しがつくられるようになりました。さらに関東大震災後、各地で上水道が整備されると、台所が裏手に移動し、かわりに玄関や前室がつくられます。便所も各住戸内につくるようになり、屋根つきの立派な玄関や前庭も登場したのです。

江戸の裏長屋では、落語の人情噺(ばなし)のような人々の交流が頻繁に行われていました。アパートが普及したことで、こうしたつながりは失われてしまったのかもしれません。

とはいえ、長屋は現在も存在しています。**テラスハウスと呼ばれる集合住宅は各住戸に専有庭や駐車場があり、進化した長屋と呼べるでしょう。**

長屋の歴史を見てみよう

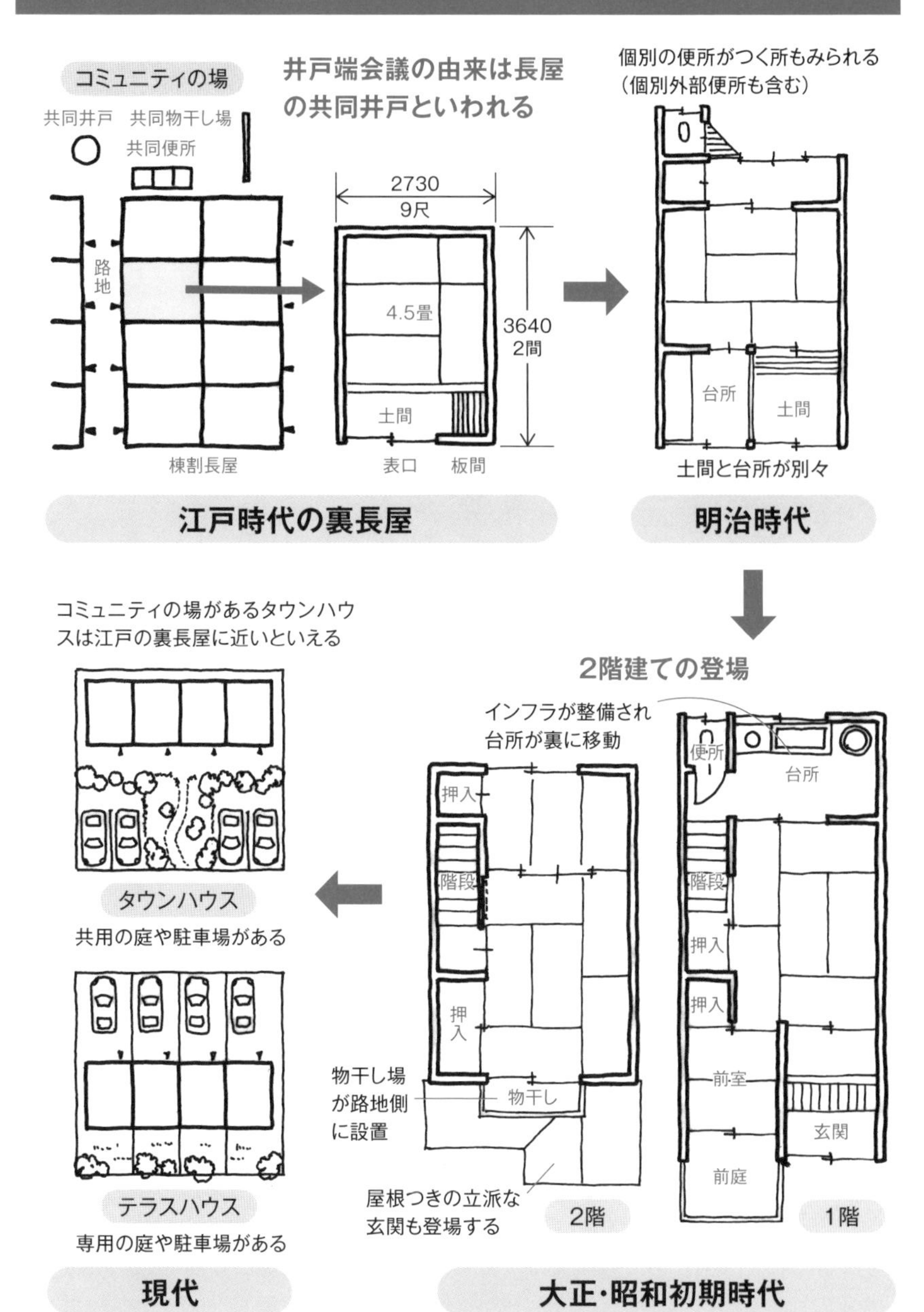

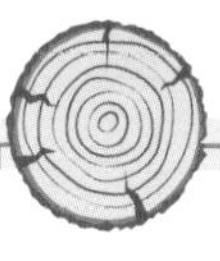

12 お盆やお膳の幅が36センチなのはなぜ？

重い物は腰幅に合わせると持ちやすい

「腰で持つ」という表現を聞いたことがありますか？　重い荷物を持つときは腕ではなく腰の力を利用するという意味で、こうすると身体の負担を小さくできるのです。

実は、このことが住まいや道具のサイズにも影響を与えています。**たとえば、昔からつかわれている大きなお盆（長手盆（ながてぼん））や隅切膳（すみきりぜん）（四隅を切ってあるお膳）の幅は36センチで、これは標準的な日本人の腰幅と同じサイズです。**お皿をたくさんのせたり、重ねて積んでも重くないようにする、まさに「腰で持つ」工夫でした。

20本入りのビール瓶コンテナの短い側も約36センチで、こちらを持つと楽に持ち上がります。

さらにいえば、長手盆を持つときは36センチに両手の甲の厚みを加えた45センチが必要ですから、肩幅と同じになります。ふたりが廊下ですれ違えば90センチとなり、これが廊下の幅となり、畳寸法の目安になっています。

36センチと45センチは、座席にも隠れています。

電車の7人掛けシートは、ひとりでも無作法に座ると窮屈になるのはみなさんよくご存知でしょう。これはひとりあたりの腰幅（36センチ）を基準にシートがつくられているからです。

これに比べ、新幹線の座席はもう少しリラックスして座れます。これは普通席を44センチ、3人掛けの中央席は両肩がぶつからないよう46センチ幅を基準にしているからです。新型車両の開発は、この肩幅45センチを確保するための工夫の連続であったともいえるでしょう。

ちなみにグリーン車の座席幅は50センチで、たった数センチでも座り心地が大きく違うのが実感できるはずです。

身体の肩幅・腰幅に注目してみよう

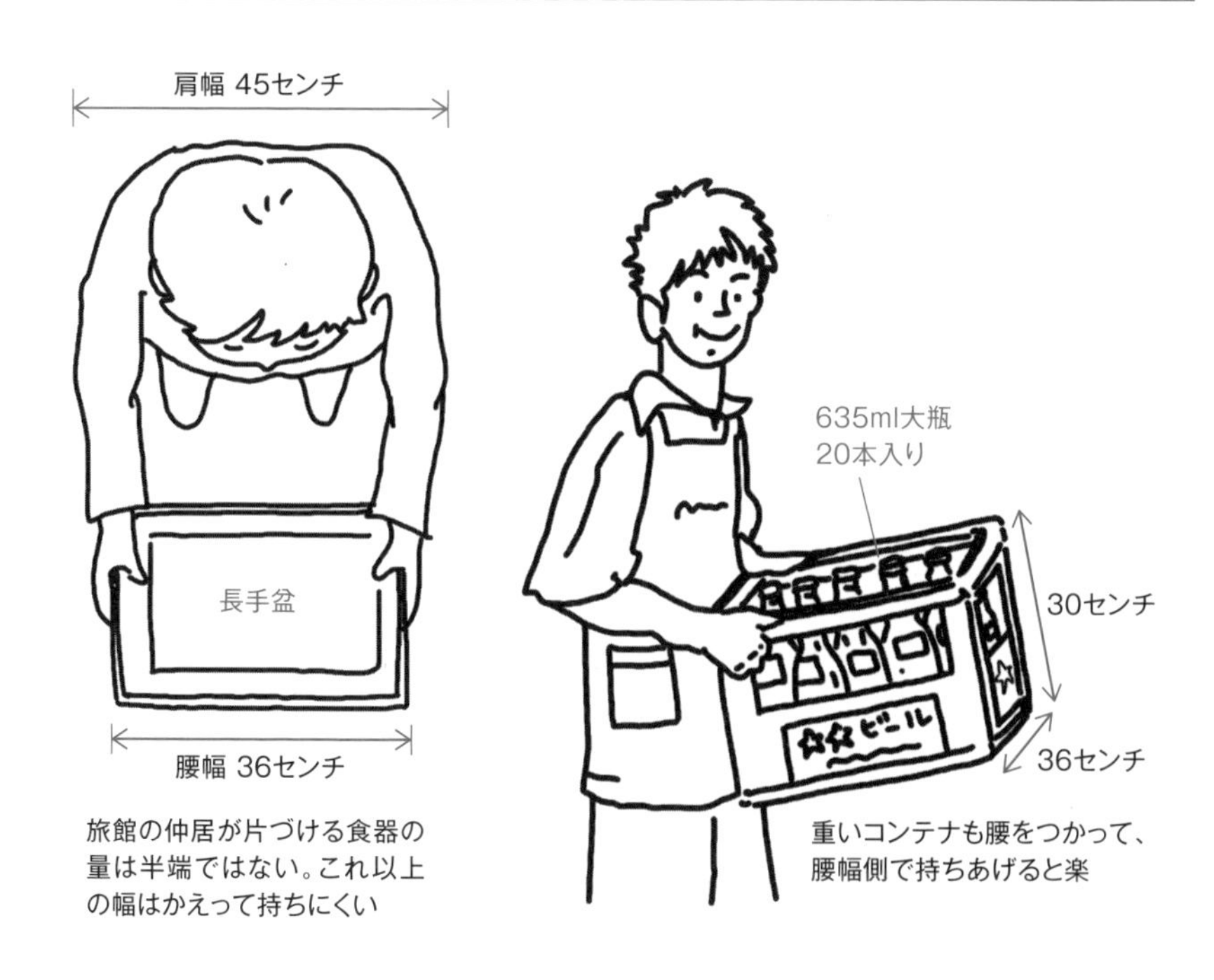

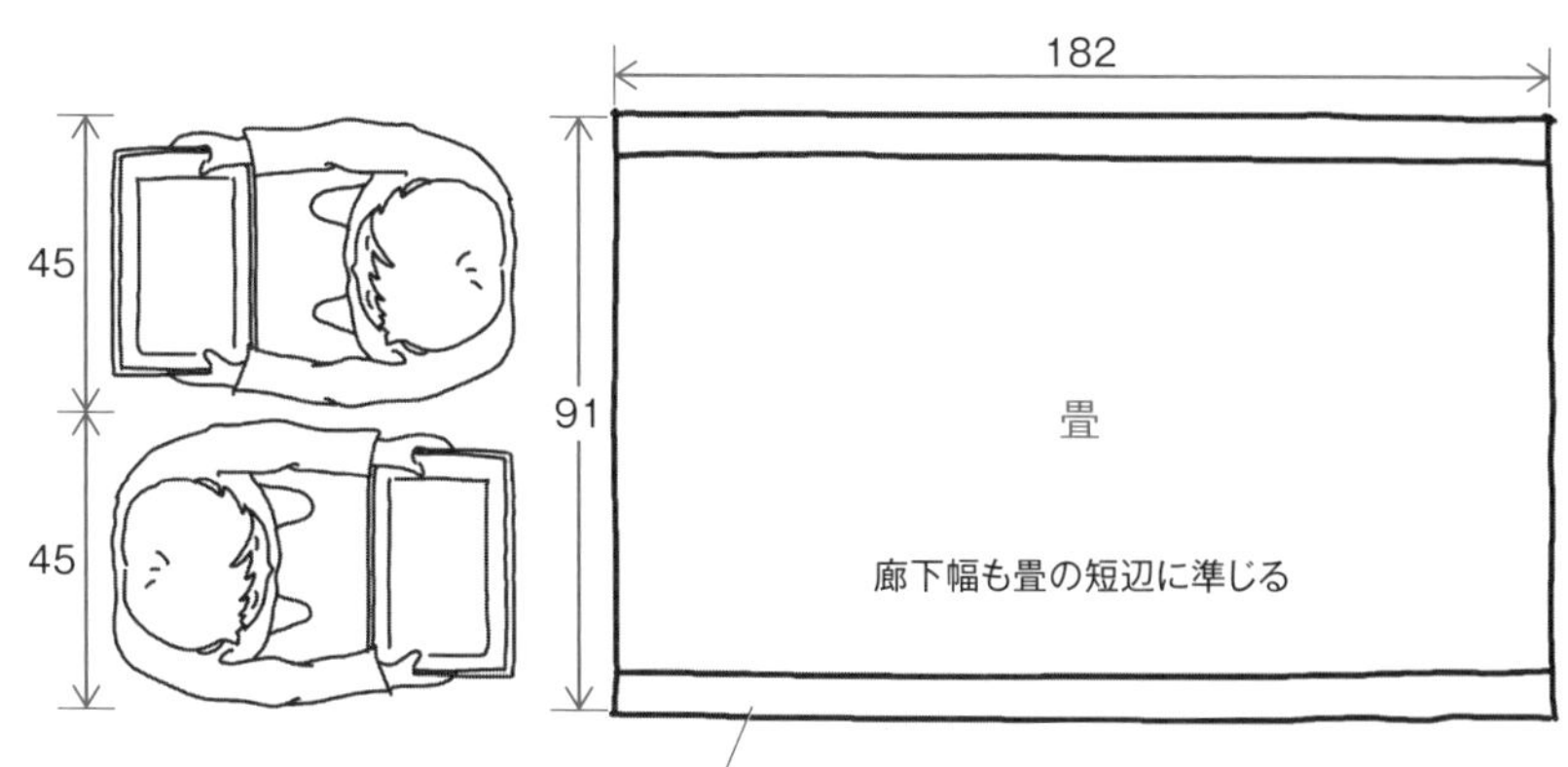

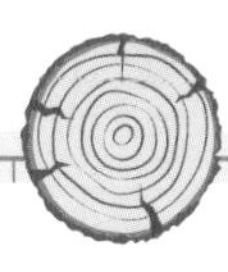

13 手からうまれたピタゴラスの定理と食器の幅

手のひらの直角三角形が文化をつくった

直角は建築の基礎となるものです。直角が定まらなければ、襖はきちんと閉まりません。壁につけた棚は傾き、丸いものを床に置けば動き出してしまうでしょう。

手のひらで直角を知る方法があります。**人差し指と親指を目いっぱい開くと、図のように親指が約3寸（9センチ）、人差し指は約4寸（12センチ）、もう一辺が約5寸（15センチ）でピタゴラスの定理でおなじみの直角三角形になるのです。**

測量機器のない時代、大工さんは長さ12尺の貫（ぬき）板（いた）を3尺、4尺、5尺に切りわけた「さしご」と呼ばれる即席の直角三角形の道具を活用していました。柱の垂直性など、各所の直角を見定めるすぐれものです。

手のひらの直角三角形は、人間がつかう道具の大きさにも影響を与えています。つかむ動作につかうのは親指と人差指で、開いたとき（5寸）の半分7・5センチが持ちやすさの基準になっているのです。湯呑、茶筒、そば猪口、ビールやワインの瓶の直径はこれに合わせています。だから、このサイズより大きいスープカップやジョッキには取っ手が必要なのです。

では日本の伝統的な汁椀はどうでしょう。ほとんどの汁椀の口は12センチ前後ですが、取っ手はありません。**実は、このサイズは両手の親指と中指で描いた円弧の直径と同じになっています。つまり汁椀は、両手をそえて持つものなのです。**作法を気にせず、片手に碗、もう片手に箸を持ちたい方にも秘策があります。汁椀の糸切底（いときりぞこ）（陶磁器の底）と碗の縁（ふち）までが7・5センチなので片手で持てるのです。

建築物も食器も、その文化の源泉には、人の手があるといえるでしょう。

手のひらから生まれた「さしご」と器

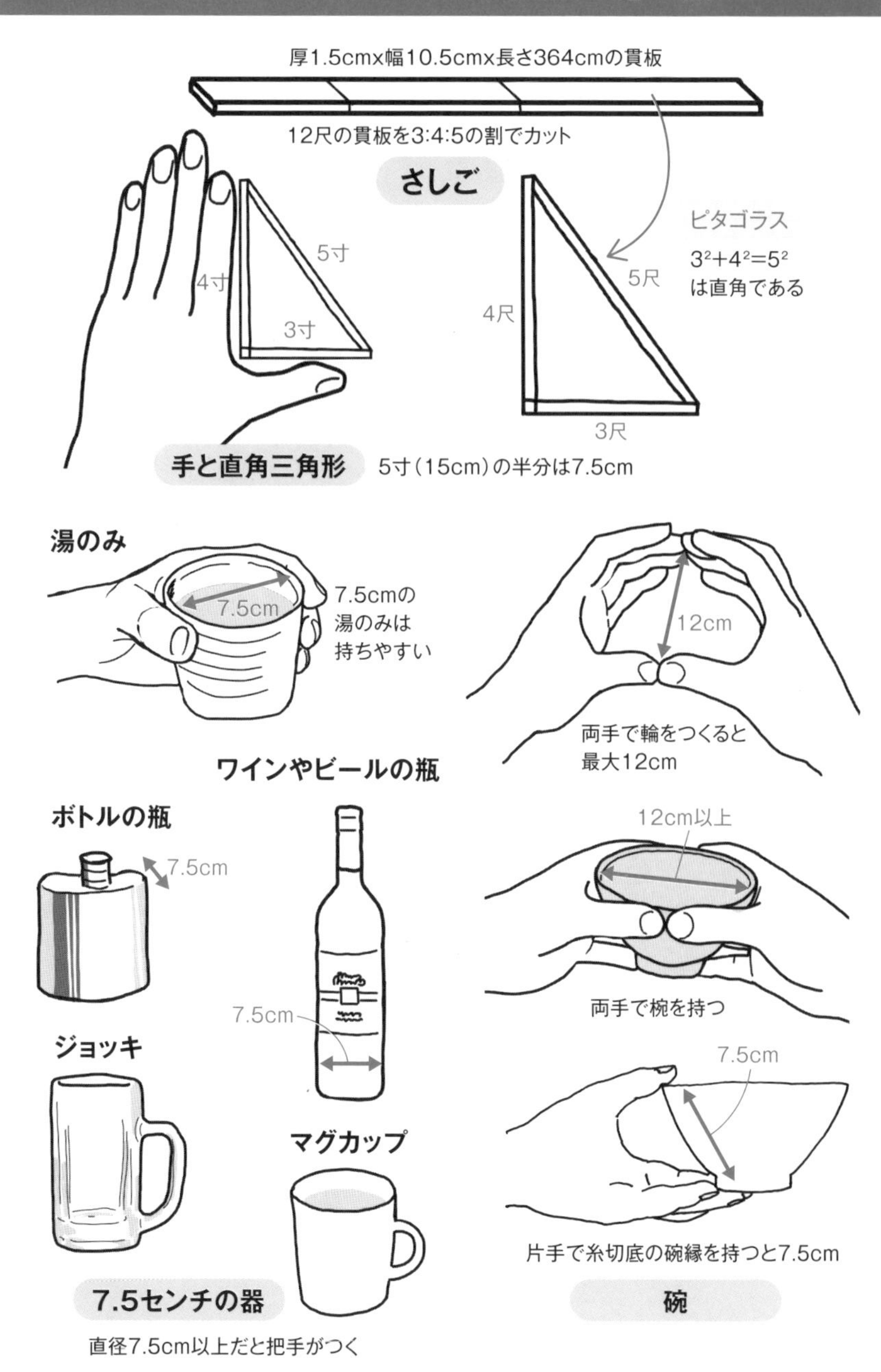

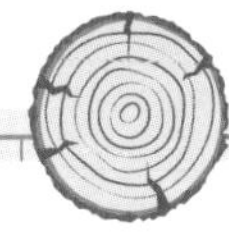

14 「うだつが上がらない」は建築からうまれた言葉

屋根材を押える備えが防火にかわったわけ

「うだつの上がらない人だ」という言葉を聞いたことがあるでしょう。**うだつは漢字で「卯建」と書き、日本家屋に見られた設備です。**関西発祥なので、関東より北の方には馴染みが薄いかもしれません。

うだつは防火設備だと解説されることがありますが、当初の目的は違いました。

中世から近世にかけての町家の屋根は、多くが板葺きでした。**強い風にあおられると、めくれあがってしまいます。これを防ぐため、茅などを束ねて屋根を押さえたのが、うだつの始まりです。**そもそも可燃性ですから、防火機能はほとんどなかったと考えられます。

江戸時代に入ると、壁が漆喰塗りになり、屋根は瓦になって、町家の防火性は高まりました。しかし、軒裏部分は火が走りやすいので、袖壁を外に出し、漆喰で固め、延焼を防ぐ袖うだつが登場します。

このころ、うだつが防火設備になったのです。火事が多いのは冬ですから、袖うだつは冬に風が吹く側につければこと足ります。しかしそれではバランスが悪いので、厚みの違うものを両サイドにつけるようになりました。

よく観察すると、風下側のうだつは薄く、風上側は火に耐えるよう厚く、つくられていることがわかります。

とはいえ、**このようなうだつを設置するのにはそれなりの費用がかかります。そこから「うだつの上がっている家は成功している」というイメージが浸透し、「うだつが上がらない」という表現がうまれたようです。**

そのためか、現在も残っているうだつの多くは、本来の機能とは別にうだつの壁面には細かい装飾や小屋根に意匠を凝らしたものとなっています。

「うだつが上がらない」のうだつは建築用語

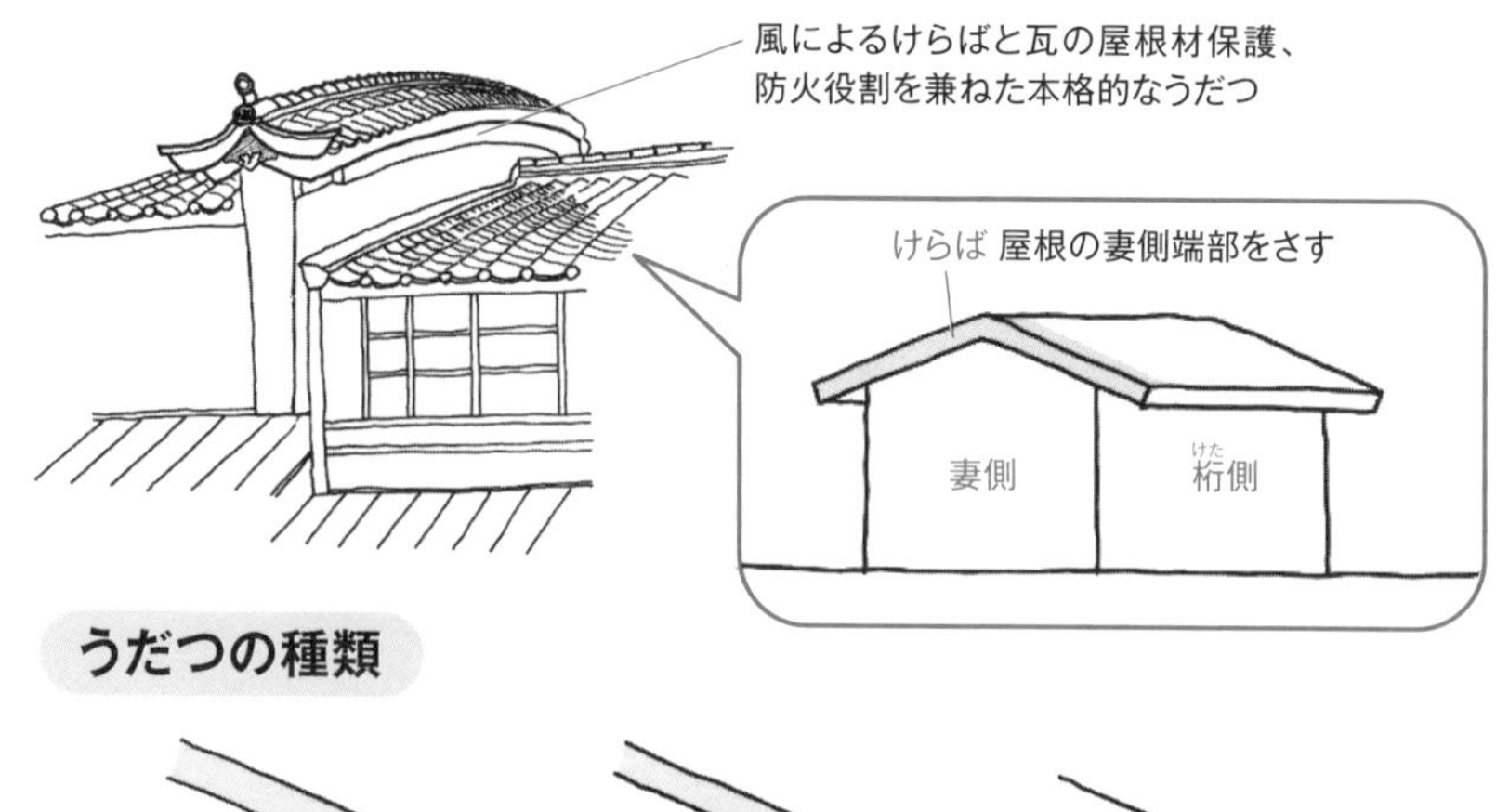

風によるけらばと瓦の屋根材保護、
防火役割を兼ねた本格的なうだつ
けらば 屋根の妻側端部をさす
妻側
桁側

うだつの種類

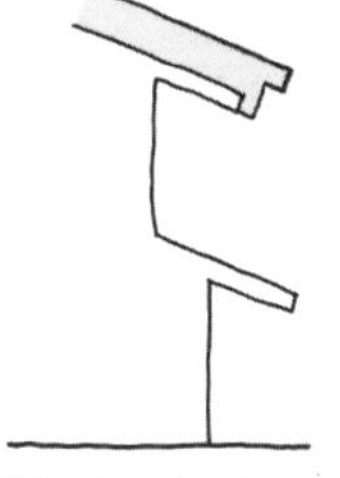

けらばの瓦保護のため
防火機能はない

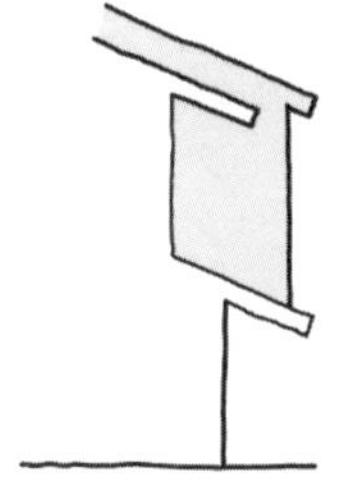

けらば保護と防火・
防炎を兼ねる本格
的なうだつ

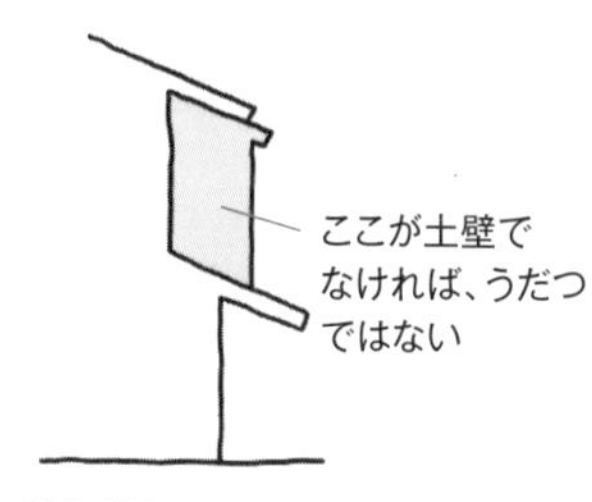

袖うだつ
2階軒先に設置し防火・
防風の役割をになう

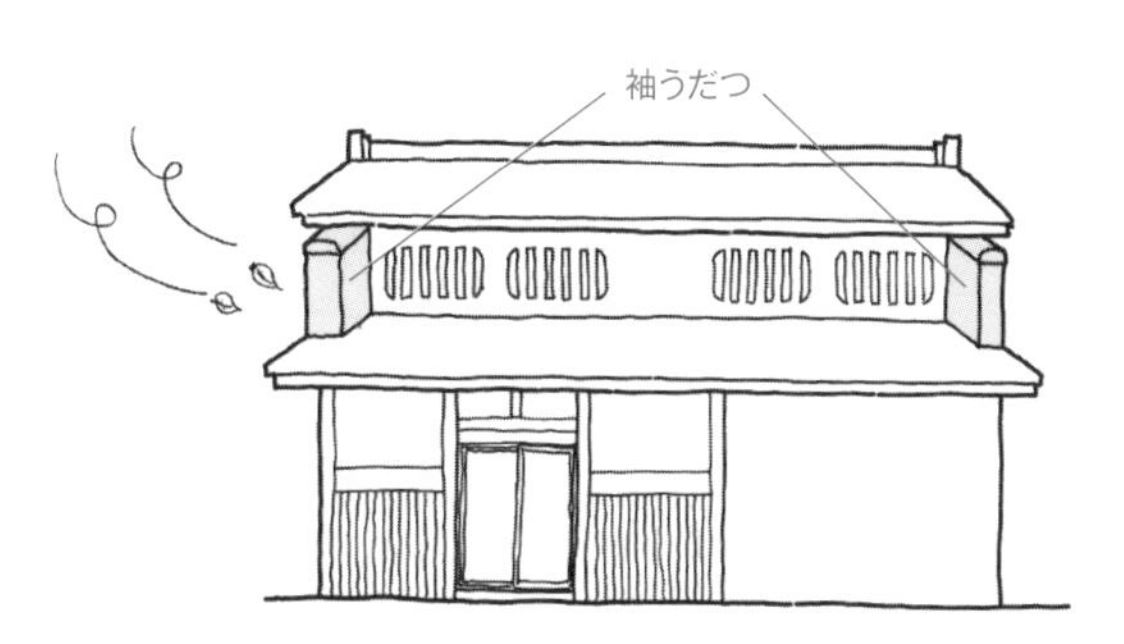

袖うだつは防火、防風の役割が大きいため、風上側（北・西）のうだつの方が厚く堅牢につくられていることがある
1階外壁は木部が見える壁。2階は漆喰で塗りこめた塗屋造、その2階に設けられている。土蔵造や真壁造にはない

富の象徴として、うだつは彫刻など意匠をこらし豪華に見せているものも多い

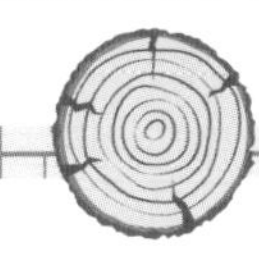

15 ベランダとテラス、バルコニーの違いは？

知ってるようで知らない家の外部空間のこと

住宅に付属する外部空間にはベランダ、テラス、バルコニーなどの呼び名があります。その違いは「部屋の仲間」か「庭の仲間」かという視点から、説明することができます。

ベランダは室内から連続するようにつらなる外部へのつなぎの空間です。ヨーロッパのイメージがあるかもしれませんが、意外にもその発祥はインドだといわれています。

高温多湿なこの地に進出したイギリス人が厳しい暑さをしのぐために、現地の建物を参考につくったのが始まりです。大屋根をかけることで強い日差しをさえぎり、涼しい風も得ることができます。開口部は大きくとられ、部屋を延長した、いわば第2の居間のように多くの時間を過ごす場所です。

一方、テラスは庭と一体になった外部空間です。室内から出入りできるのが一般的ですが、室内からは開口部で仕切られており、屋根もありません。より外部に近い空間だといえるでしょう。

バルコニーは2階以上が建物から張り出す外部空間です。ヨーロッパのアパートメントでは、居住空間は2階以上に設けられていました。庭を持てない人々のためのささやかな庭がわりの空間なのです。

日本家屋には、ベランダと似た縁側というものがあります。

「縁側で夕涼み」というシーンを連想される方もいらっしゃることでしょう。**縁側は屋根を持ち、部屋を延長させた半内部空間です**。

一般的には半間（約91センチ）ほどで、それより広いものは広縁と呼びます。雨のかかる縁側は濡縁と呼ばれ、これは日本版のテラスといえるかもしれません。

第2章

こんな目で見ると近・現代建築も面白い

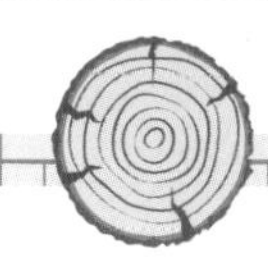

16 江戸の技を受け継ぐ大工がつくったヨーロッパ

擬洋風建築から文明開化が見えてくる

擬洋風建築は、明治時代の急速な西洋化のなかでうまれた独特の建築様式です。明治に入り、日本でも外国人居留地などで洋風住宅が建つようになりましたが、それを建設する外国人の職人はほとんどいませんでした。

そこで、日本の大工や左官職人、木彫刻師たちが見よう見まねで西洋風の外観を和の技術を用いてつくったのが、擬洋風建築の始まりです。

文明開化の素晴らしさを全国各地に広めたいという明治政府の方針もあり、地方都市の銀行、病院、各種公共施設の多くがこの様式でつくられました。

一見すると石造のようですが、そのほとんどが木造です。また、細部には和の技術がつかわれています。

見どころの一つは、石の表現です。石造建築では力学的に重要な壁の隅だけ特別な石の積み方をし、コーナーストーンと呼んでいます。擬洋風建築では、この特徴を和の技術である漆喰などで表現しているのです。またギリシャ・ローマ様式の石造柱頭も、装飾によって見事に模しています。

もう一つの見どころは、独自性です。**たとえば、玄関に唐破風屋根を設けた和・洋・漢折衷の建築や、16角形でドームを表現したものなど、洋風のコピーが少ないのに洋風に見えるのが擬洋風建築の特徴なのです**。こうした独自の創意工夫や大工の遊び心が盛り込まれているのも魅力の一つです。

日本には、中国文化の影響を強く受けながら、独自の文化を育んできた長い歴史があります。西洋からきたスタイルをただ受け入れるだけでなく、自国の技術や文化を混ぜ合わせ、こうした新しい様式を誕生させるのは、日本の得意とするところだったといえるでしょう。

全体的には洋風、細部は和風でつくる

旧開智学校（長野県松本市）

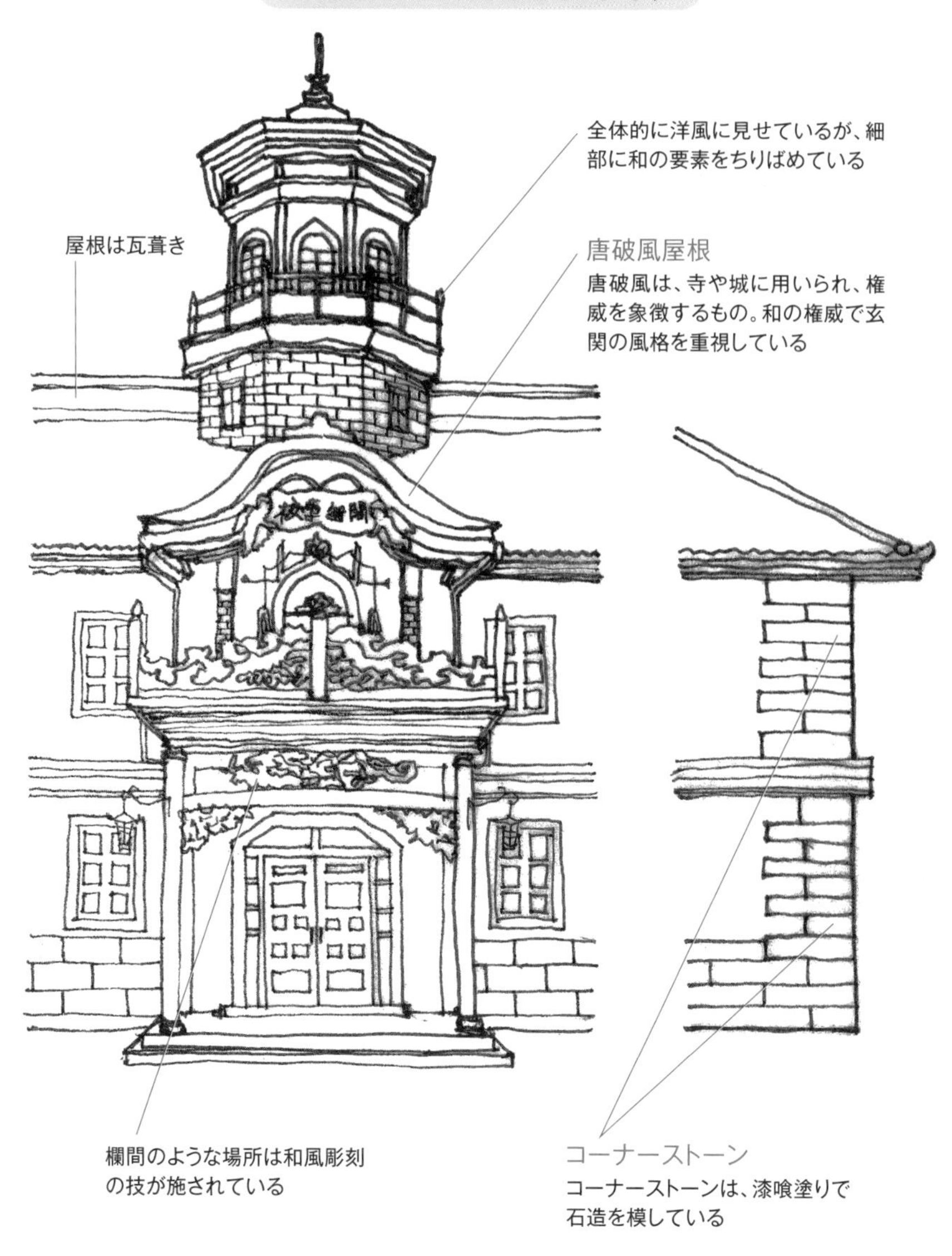

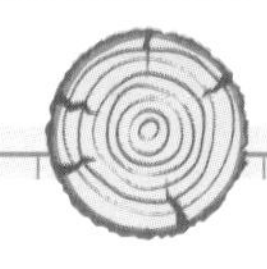

17 明治維新政府の威信をかけた様式建築

近代建築トップランナー辰野金吾の東京駅の物語

2012年に復原工事が完了した東京駅丸の内駅舎。**赤レンガに白い花崗岩の帯が目を引くこの東京の表玄関は、日本人初の建築家の一人である辰野金吾（たつのきんご）の設計です。**

明治初期、渡欧した政府高官たちは石とレンガでつくられた町並みに驚嘆しました。すぐに工部大学校造家学科（現在の東京大学工学部建築学科）が創設され、英国人建築家ジョサイア・コンドルが招かれます。その1期生が辰野金吾でした。卒業後、英国に留学した彼は、当時流行していたネオ・バロック様式やクイーン・アン様式を学び、明治国家の威信を示す重要な建築物にこのスタイルを採用します。

その一つが、日本における資本主義の原点というべき日本銀行本店で、ネオ・バロック様式を用いた石造建築です。

天皇陛下が利用する駅である東京駅には、さまざまな建築様式を部分的に取り入れる折衷スタイルが特徴でもあるクイーン・アン様式をさらに辰野風にアレンジした、レンガ造の様式建築を採用しました。

実は東京駅の建築当時（大正3年）には、すでに日本でも鉄筋コンクリート造の建築物がつくられています。**つまり辰野は、あえてレンガ造の様式建築にしたのです。**

その理由は明治政府の威光を示したい、というクライアントの要望に建築で応えるためだったといえるでしょう。それが、この時代を駆け抜けた近代建築のトップランナーたちの宿命でもあったのです。

晩年の辰野金吾は後進の育成や学会などにも尽力し、近代建築の父とも呼ばれるようになっています。

いまに残る東京駅や日本銀行本店

東京駅丸の内駅舎 1914（大正3）年

各階ごとに窓のデザインを替えるのがクイーン･アンの特徴

様式建築の特徴である付け柱の柱頭はイオニア式の渦巻き型

塔屋やドームが立ち上がるデザインは辰野の特徴

ドーマー窓つきのドーム屋根

白い花崗岩と赤レンガの縞模様が建物のベースデザイン。白い窓枠がひきしめる

建物の中央にあるのが皇族専用口

日本銀行本店本館 1896（明治29）年

ベルギー国立銀行を参考にしたといわれる外観はネオ･バロック様式によって質実剛健な外観をつくりあげた

2～3階を貫く双柱は古典様式のコリント式

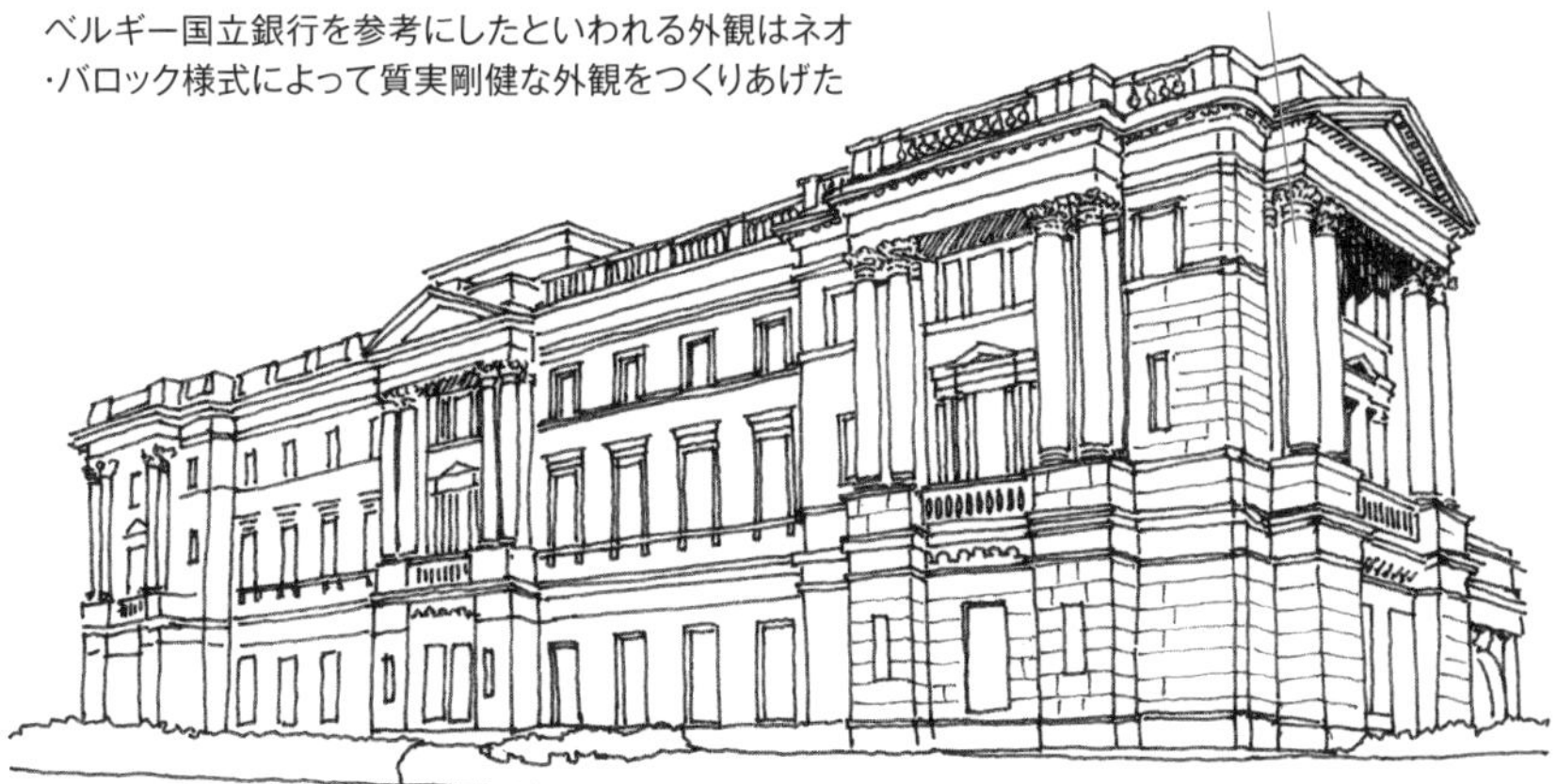

国内初の日本人建築家による石造建築の国家事業であった

1階石積み、2～3階、煉瓦造の石張りで軽量化をはかり、関東大震災にも耐えた建物

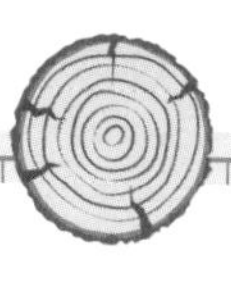

18 アール・デコ、それは市民のヨーロッパ

日本には昭和初期に入ったアール・デコ

　アール・デコは1910年代の欧米で流行した装飾様式です。それまで一世を風靡していたアール・ヌーボーは植物などの有機的なモチーフを自由曲線で優雅に表現する様式で、職人の手作業による一点物が基本でした。

　これに対して、アール・デコは直線と円弧を基本とする幾何学模様と記号化されたモチーフを繰り返すシンプルなデザインが特徴です。そのため工業化による大量生産の時代にもマッチしました。

　このアール・デコ様式が日本にやってきたのは関東大震災後の昭和の初めのことです。ヨーロッパに強い憧れを抱いていた日本人は、この最先端デザインを庁舎、ホテル、学校など、さまざまな建物に取り入れていきます。

　とくに当時のサラリーマン層の心をつかんだのは、映画とデパートです。彼らは映画を通じてヨーロッパのライフスタイルを知り、ヨーロッパの香り漂うデパートという空間で、その実物に触れるようになりました。

　デパートは身近なヨーロッパを楽しめる場所となり、この新しい娯楽を通じて、日本におけるアール・デコは鮮やかに花開いたのです。

　老舗と呼ばれるデパートの建物をよく見ると、内装はかわっていても、外観に当時の様子を感じられるものが少なくありません。また階段や天井、玄関部分にも当時のしつらいを残しているものがたくさんあります。

　アール・デコ様式の特徴は次の四つです。①定規とコンパスで描くような直線と円弧で構成、②幾何学模様、③左右対称、④繰り返しのリズム。

　これらに注目して、現在も残るアール・デコ様式とヨーロッパの香りを探してみてください。

東京・新宿のデパート、伊勢丹で見られるアール・デコ

メインエントランス上部壁面の装飾

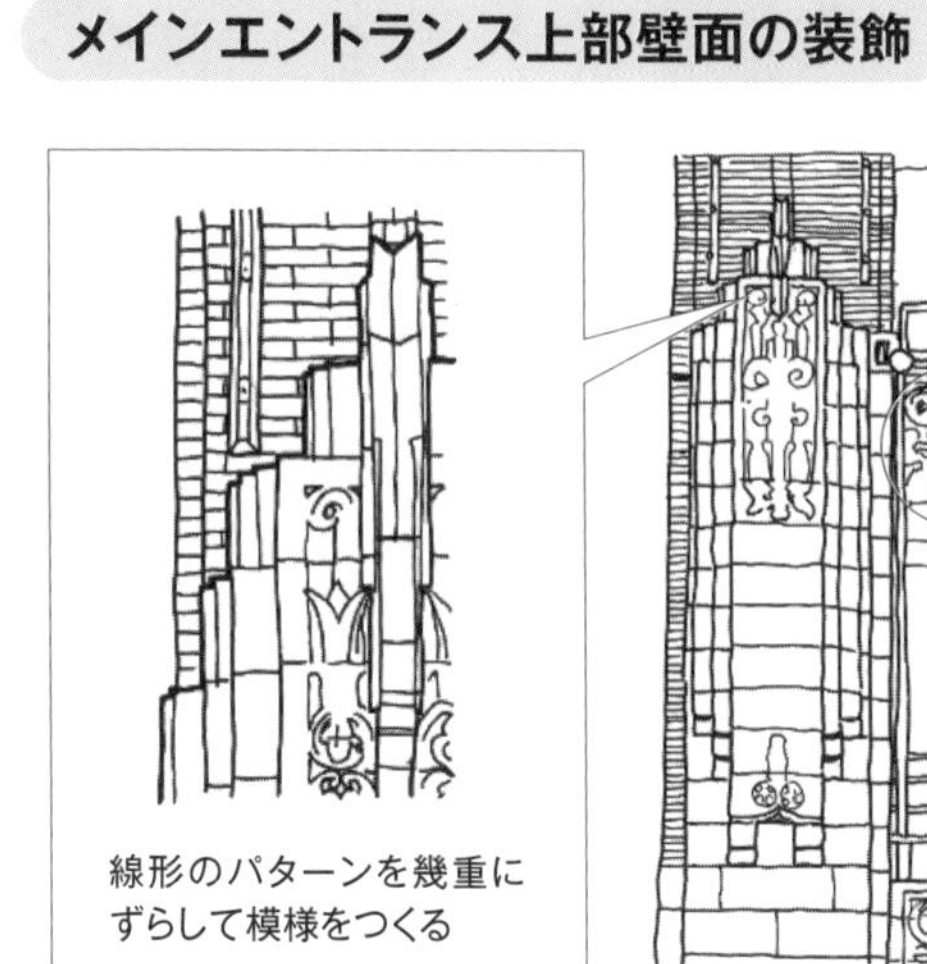

線形のパターンを幾重に
ずらして模様をつくる

同じ絵柄をくりかえし利用

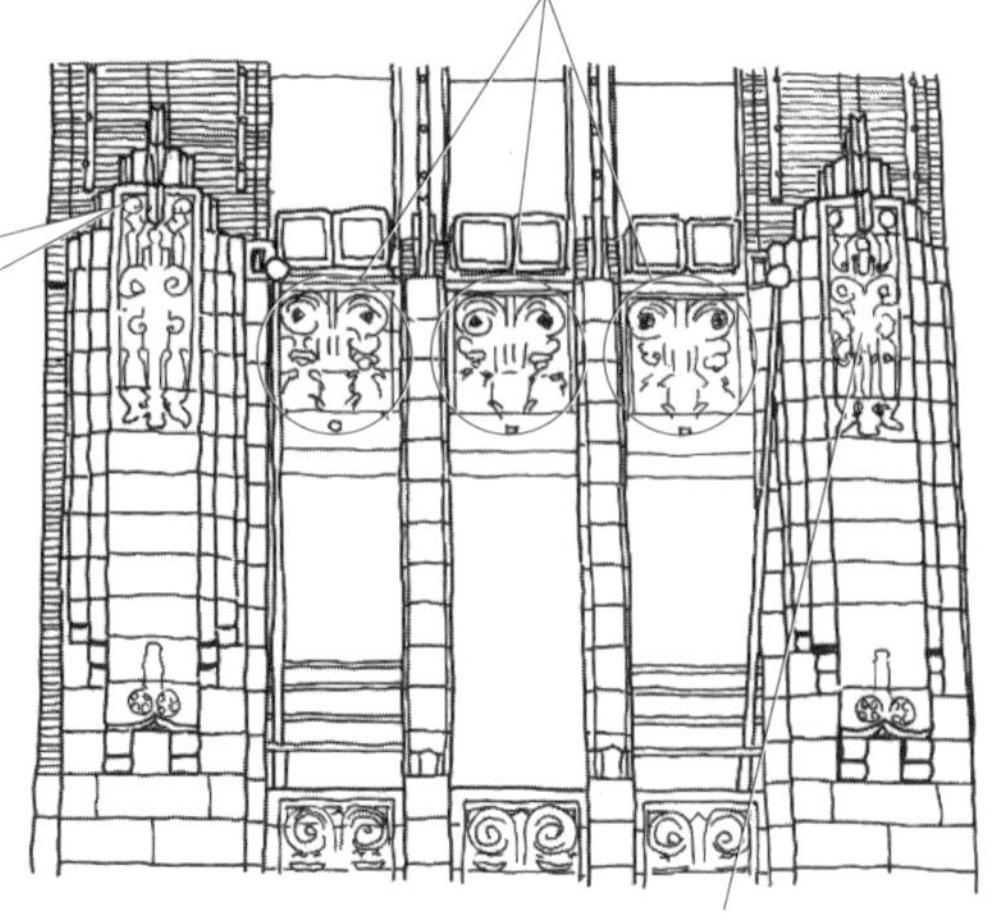

装飾を分解してみるとコンパスと定規でできた単純な構成。パターンは左右対称が多い

階段室

店舗の内装はリニューアルを繰り返すが、階段は当時のままの姿を残していることが多い

花や昆虫を幾何学模様で表現したデザイン

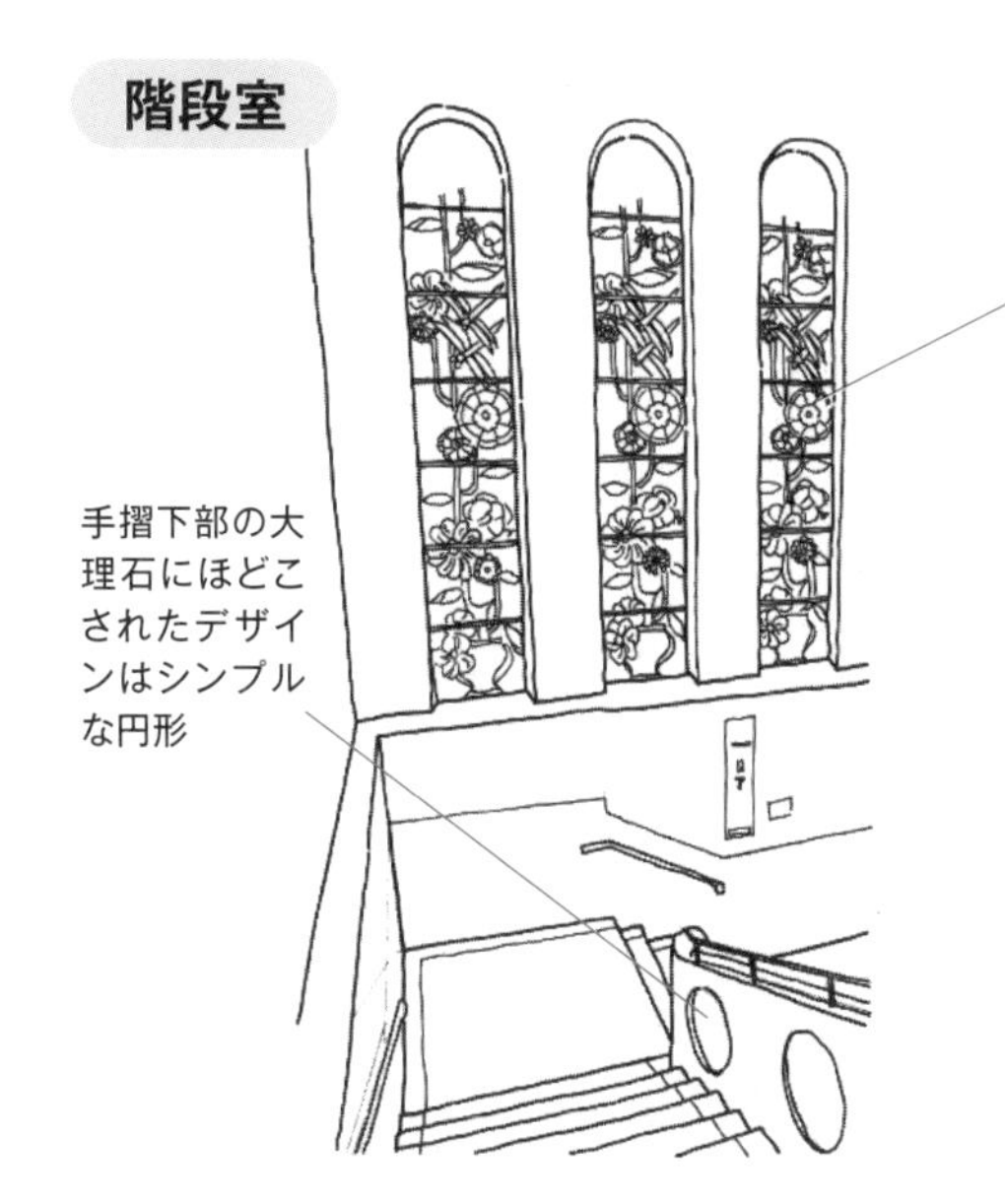

手摺下部の大理石にほどこされたデザインはシンプルな円形

通気口カバー
階段室に設置

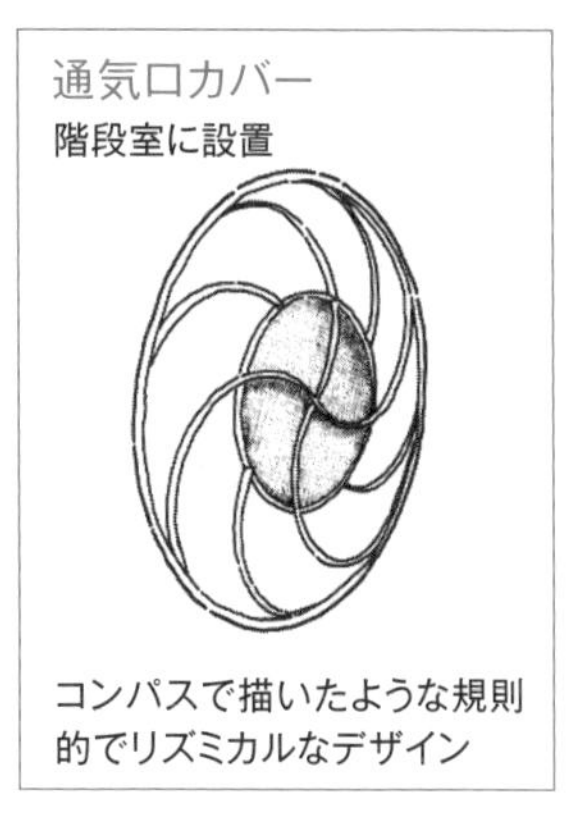

コンパスで描いたような規則的でリズミカルなデザイン

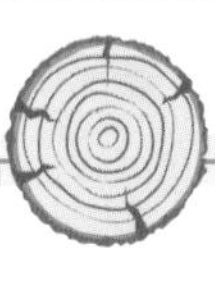

19 看板建築はヨーロッパへの憧れから

外見は洋風、中身は和風の町家文化

お店の看板娘、お芝居には看板役者と呼ばれる人がいますが、建物にも看板建築というものがあるのをご存知でしょうか。昭和初期、関東大震災後に流行した、和風住宅が洋風のお面をかぶったような形式の店舗兼住宅の総称です。

看板建築は、ヨーロッパへの憧れがうんだものでした。しかしルネッサンスやバロックといった本格的な様式や、高級デパートのようなアール・デコのデザインは、庶民には手が届きません。

そこで個人商店の店主たちが考えたのが、建物の正面（ファサード）だけを西洋風に化粧するという方法でした。画家や大工さんたちに、家がかぶる洋風お面をつくらせ、店の正面を看板にしたのです。

看板建築は、外壁仕上げ材の違いからモルタル型と銅板葺き型の二つに分けられます。

モルタル型は画家のデザインが多いようで、洋風ぽさが特徴です。銅板葺き型は大工さんが手がけたためか、どうしても和の要素が強く出てしまう傾向があります。

たとえば銅板葺きの壁面にフラットルーフを設け、洋風に見せている一方、雨戸の戸袋には、銅板の柄に江戸小紋が細工されている、といったことがあるのです。当時の職人の腕の見せ所だったのかもしれません。

モルタル、銅板の外壁は、本来、木造建築の延焼を防ぐためのものでした。住宅密集地の火災は、風や煙のとおり道になる表通り側を防火することが重要だったのです。

関東大震災後に看板建築が増えたのは、高価な鉄筋コンクリート造に手の出なかった一般の人々による防火対策の結果だともいえるでしょう。

看板建築の構造

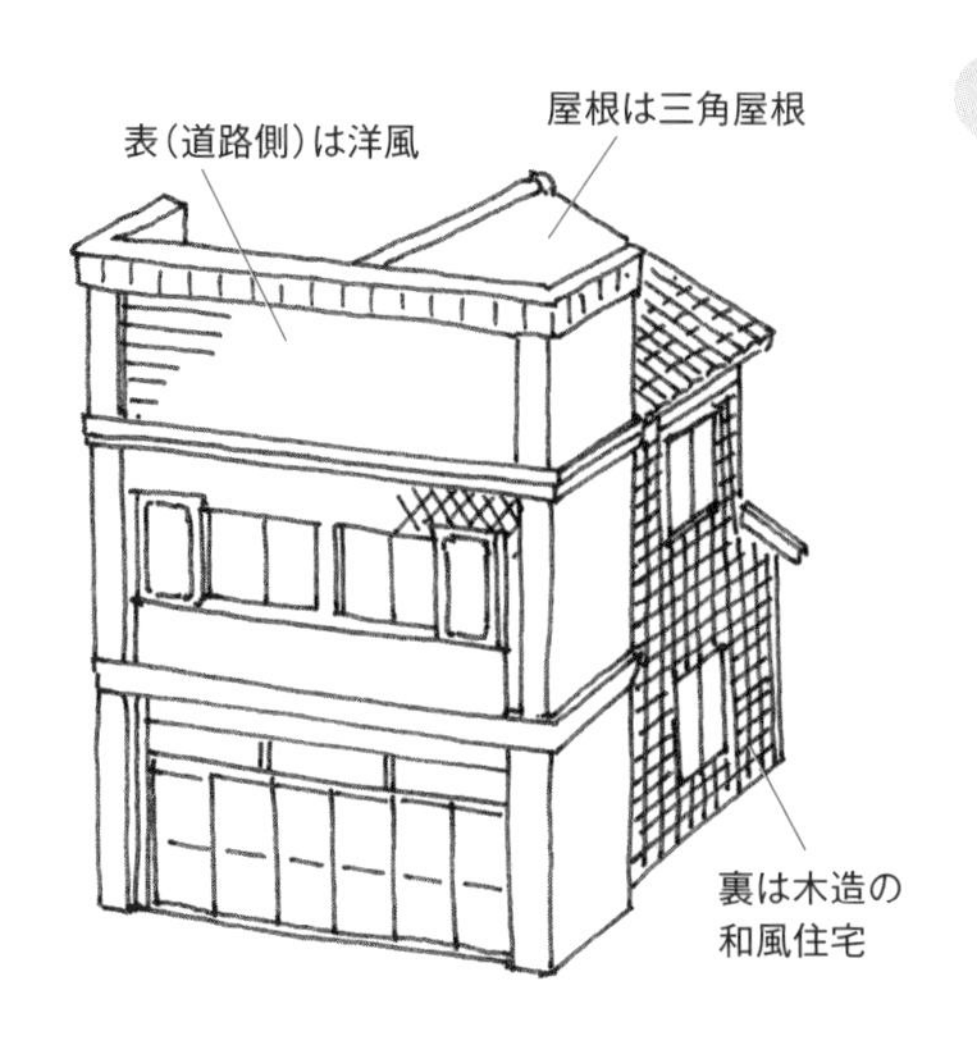

銅板葺きの江戸小紋柄

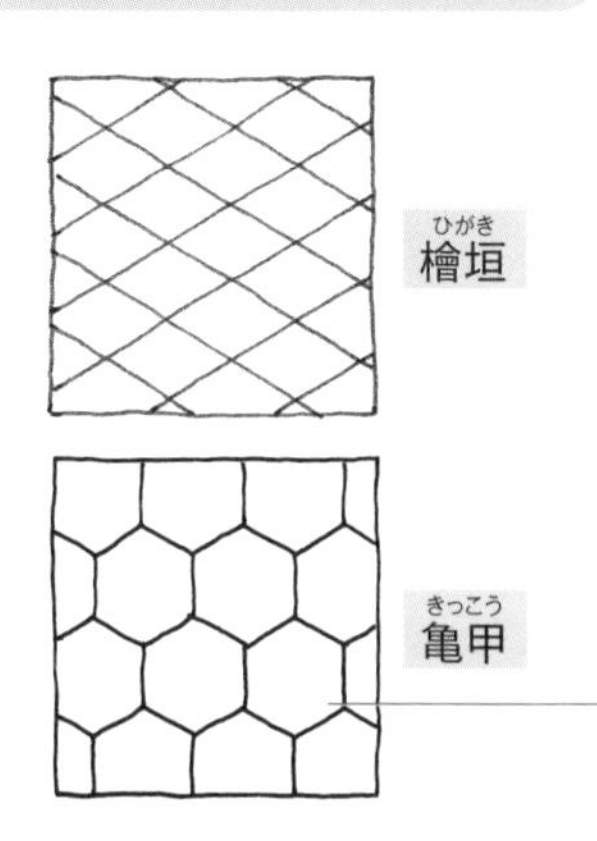

モルタル仕上

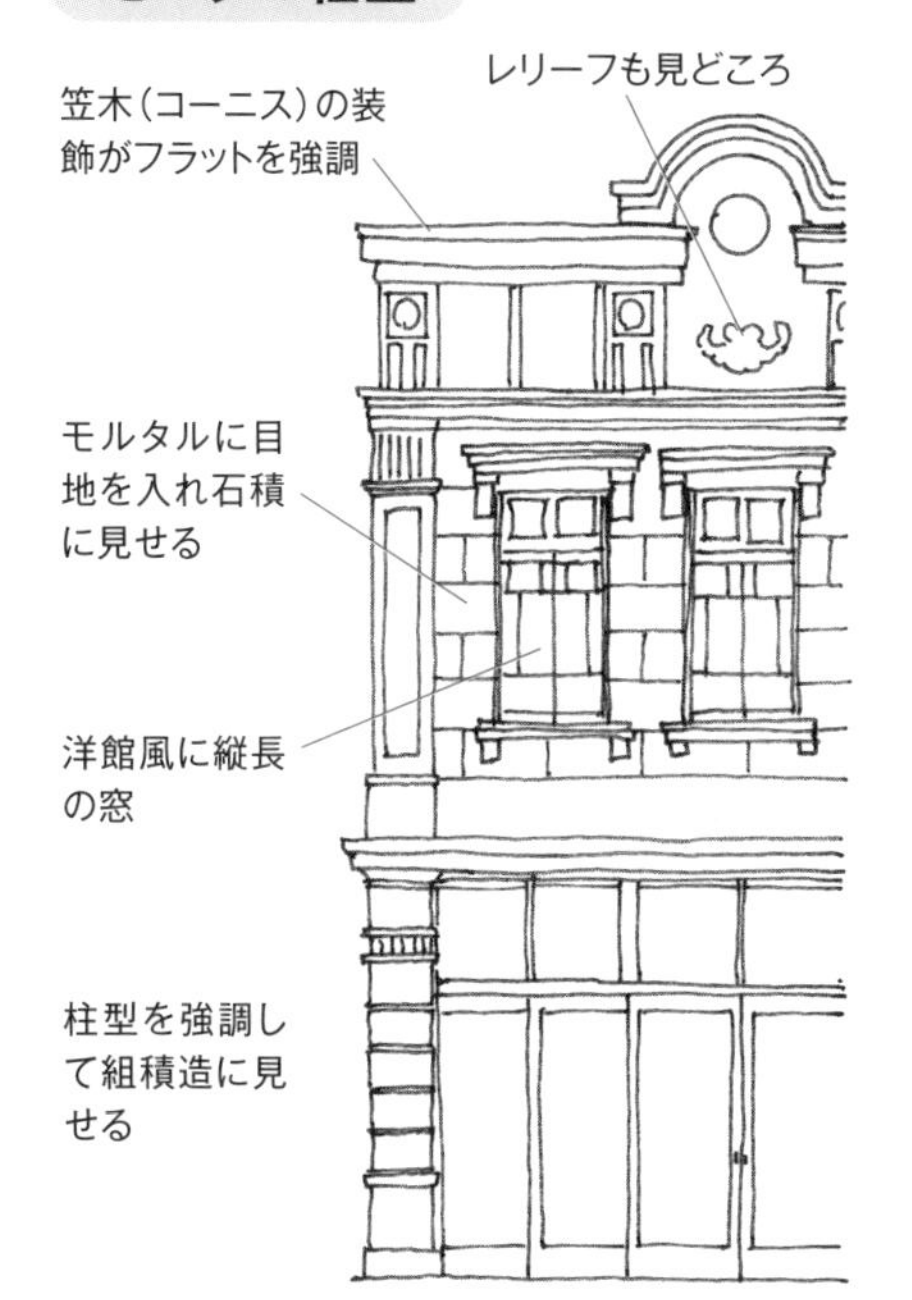

銅板葺き

銅板は酸化して緑青になる。黒いのは空気中の亜硫酸ガスが影響したといわれる

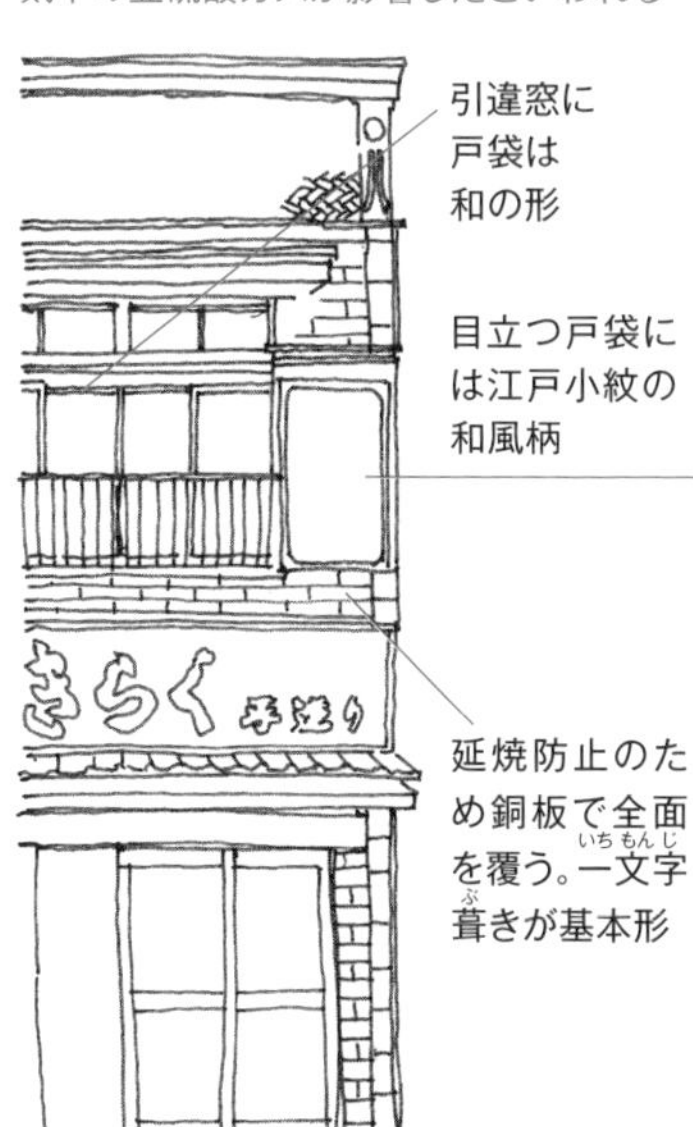

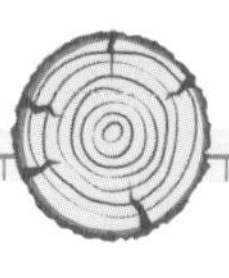

20 明日館から見えてくる巨匠ライトの日本

ライトの建築から日本の伝統美と風土が読み取れる

世界の近代建築三大巨匠の一人であるフランク・ロイド・ライト。日本では旧帝国ホテルの設計者として知られています。生涯に８００以上の建築物を手がけたライトですが、実はそのほとんどはアメリカ国内での業績です。国外では計画案を含め32件（日本12件）しか手がけておらず、そのうち実現したのは日本9件とカナダ3件だけ。

巨匠ライトは日本で精力的に活動した建築家だったといえるでしょう。実はライトは浮世絵をこよなく愛する収集家であり、日本文化を深く理解していたのです。

東京都豊島区にある自由学園明日館（重要文化財）は、現在も利用・見学が可能なライト作品の一つです。中央棟や教室棟の屋根は、日本家屋の本屋根と下屋にかけられた庇で構成されたものを一枚の屋根で表現したものです。

下屋にあたる部分を低く伸ばし、軒高を抑え、庇の出を大きくすることで、直射日光を遮り、地面からの柔らかい反射光で教室に相応しい光環境をつくっています。

このライト建築の特徴は、庇の深い日本家屋と同じ考えに基づいているといえるでしょう。

なお、コの字型の平面形は左右対称のシンメトリーになっており、これは日本の寝殿造（しんでんづくり）に見られるものです。旧帝国ホテルは平等院の影響を受けたともいわれています。

日本のライト建築には、大谷石が多くつかわれています。風景の一部となる建築物はその土地で生まれる材料でつくるべきだとライトは考えていたのでしょう。その結果、安価な石材にすぎなかった大谷石は、ライト建築の代名詞として広く愛されるようになったのです。

フランク・ロイド・ライトは日本が好き?

自由学園明日館中央棟正面

左右対称はライト建築の特徴ではないが、自由学園明日館や、帝国ホテルには多く見られる。平等院鳳凰堂やシカゴ万博での日本館の影響をうけたと考えられる

軒を低く伸ばし水平性を強調

校舎の内外で多数つかわれている大谷石

高い講堂は寝殿造の主殿。低い教室は渡り廊を思わせる

深い庇で直射光は入らず、地面に反射した光が室内に入るのが日本の民家

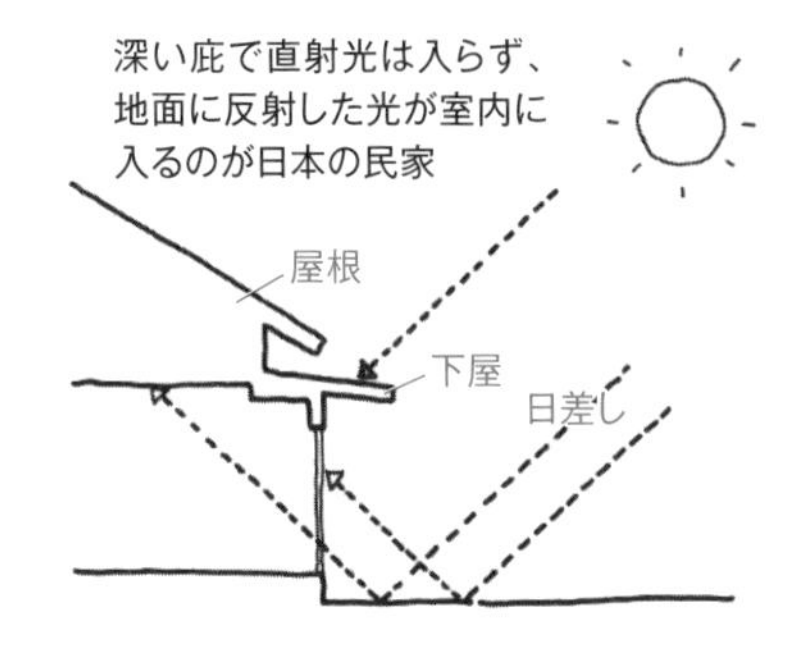

明日館教室

民家の本屋根と庇を一体化した屋根形

奥に反射光が届き、教室内の明るさの差が少なくなる

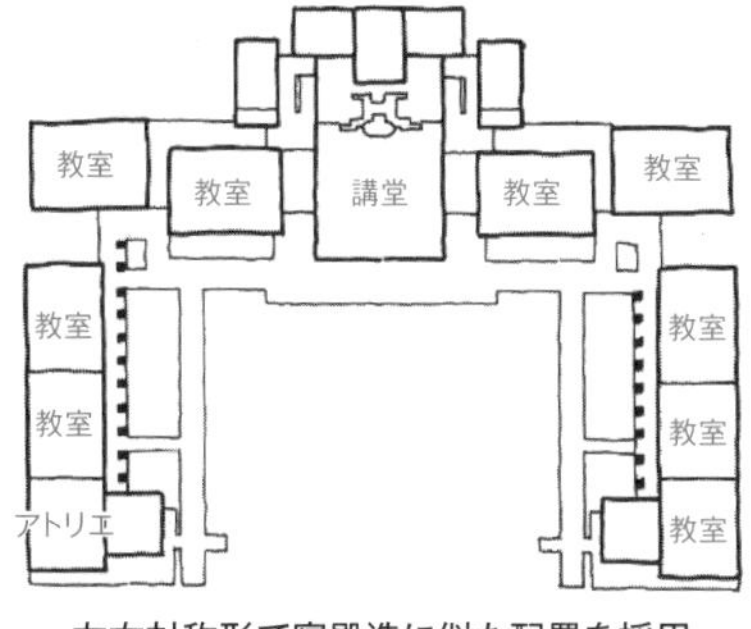

左右対称形で寝殿造に似た配置を採用

大谷石の暖炉

ライトの建築の特徴は地元の石をつかうこと。日本の石として大谷石を採用

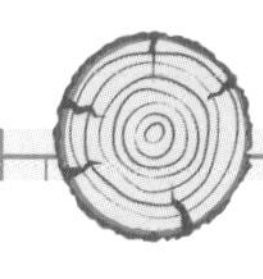

21 国立西洋美術館のピロティは市民のため？

ル・コルヴィジェがつくった市民目線の美術館

上野の国立西洋美術館はル・コルヴィジェが設計した日本唯一の建築作品です。

20世紀初頭までの美術館は、国家や王、貴族といった権力者が自らの権威を示す舞台でもありました。豪華な玄関、見上げるような立派な階段を持つ館内に、豊富なコレクションを展示し、威厳を表現することが重要だったのです。

しかし、ライトと並ぶ近代建築三大巨匠の一人に数えられるコルヴィジェがつくったのは、市民のため、作品のための美術館でした。

国立西洋美術館の外観を見ると、1階は柱が並び、上階の建物を支えるピロティ形式になっています。ピロティ内のガラス張りが入口になっており、玄関を意識することなく、自然に入っていく構造です。そこに美術館を権威つける象徴だった玄関や階段はありません。

市民に開かれた大きなホールに入ると作品が飾られており、来場者は作品を眺めながら、上階の展示空間につながるスロープを上っていきます。**権力者の美術館から、市民の美術館へ。この建物にはそんなコルヴィジェの思いが込められているのです。**

1930年代以降、コルヴィジェは世界各地で多くの美術館を計画しました。そこには一貫したコンセプトがあります。**それは、収蔵品の増加に応じ、展示空間が拡張するというアイデアです。**

国立西洋美術館では、カタツムリが渦を巻くように、展示空間が螺旋(らせん)状に連なり続ける構造を目指しました。

市民のニーズに応じて展示が増えていく。まさに市民のため、作品のために計画された美術館といえるでしょう。

ピロティやホールには市民に開放する思惑がある

国立西洋美術館外部

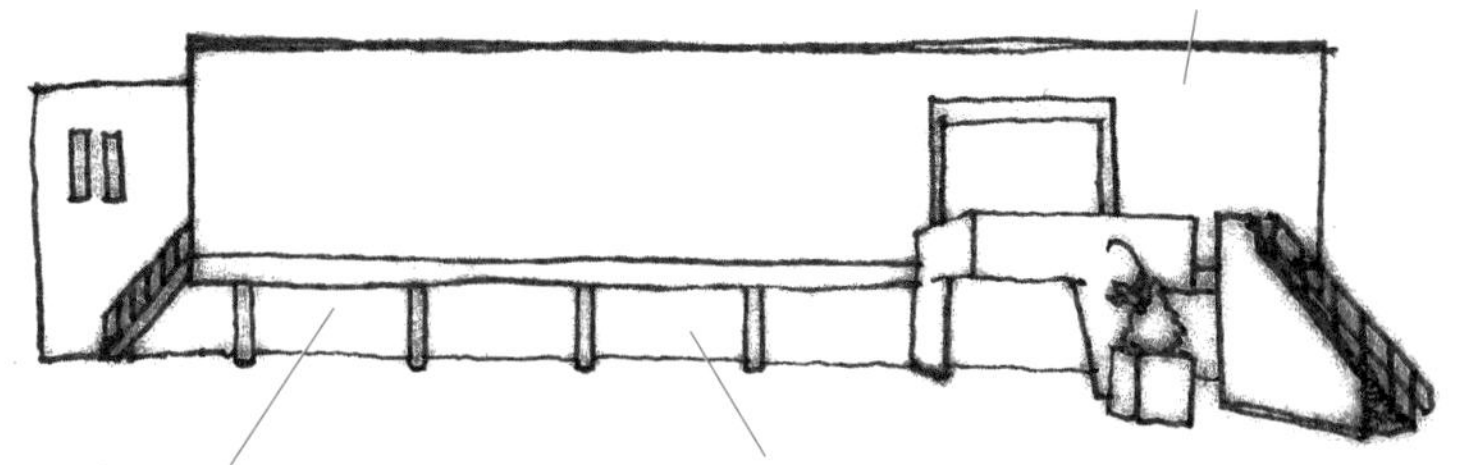

装飾的な外壁ではなく、シンプルさが現代建築の特徴

コルヴィジェはピロティを好んで用いる。何もないピロティという広場的空間。市民に開放するという思惑がある

威厳にみちた玄関はない。ピロティに吸い込まれるようにして、自然とホールに入る

内部

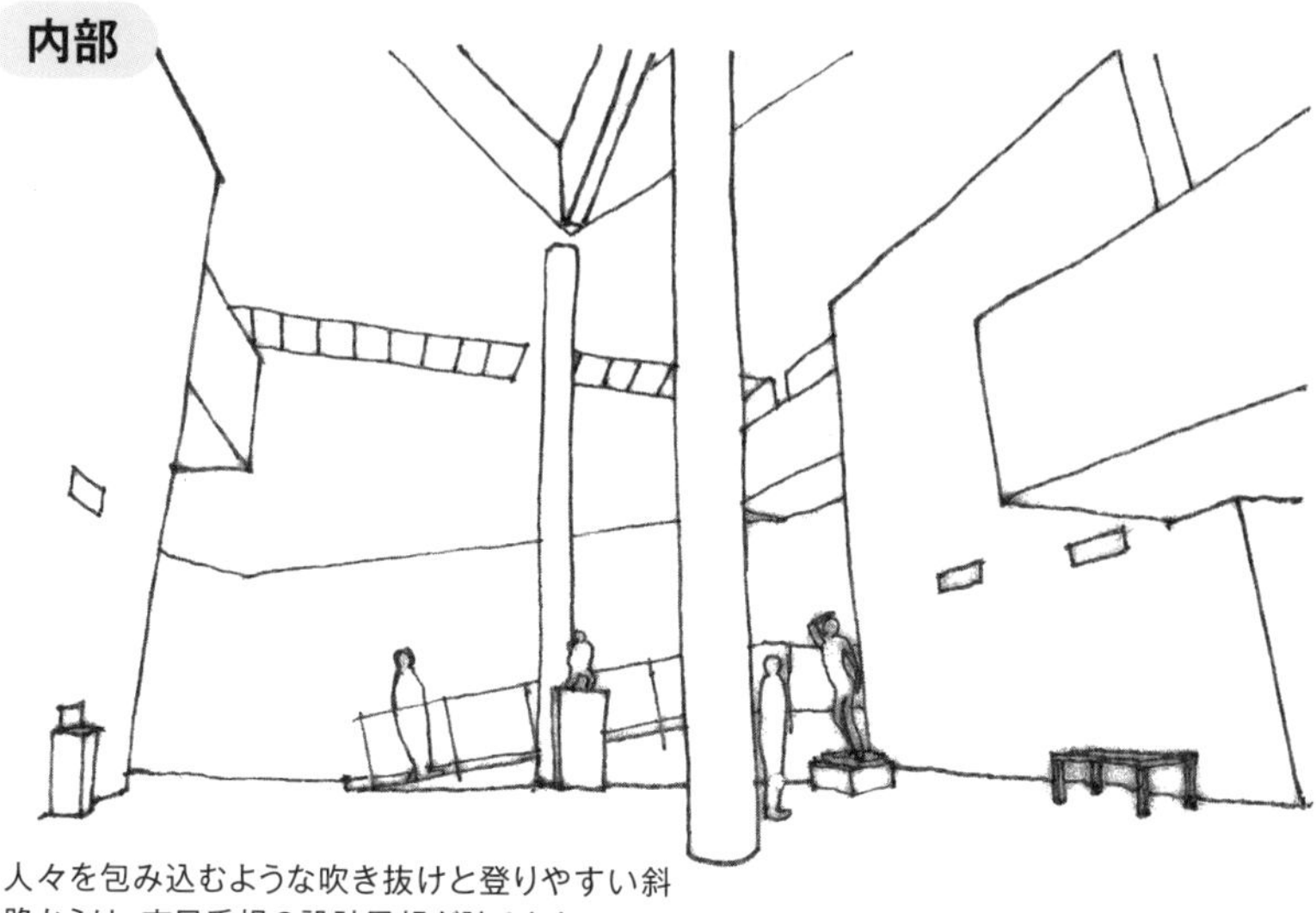

人々を包み込むような吹き抜けと登りやすい斜路からは、市民重視の設計思想が読みとれる

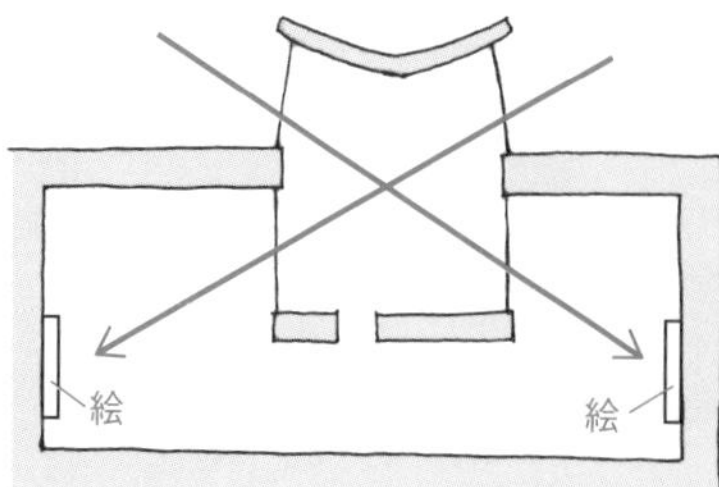

美術館ではタブー視される自然光を取り入れた計画。美術品以上に市民の空間の快適性を大事にしている

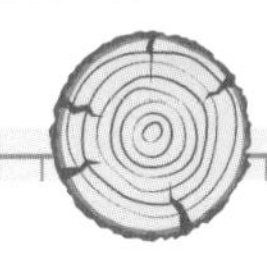

22 世界をあっといわせた代々木の屋内競技場

モダニズム建築に伝統美を融合させた丹下健三

国立代々木競技場や香川県庁舎を設計したことで知られる丹下健三（たんげけんぞう）は、戦後の日本建築を世界レベルに押し上げたモダニズム建築の巨匠です。

1920年代にうまれたモダニズム建築は、伝統や無駄な装飾を排除し、工業製品である鉄、コンクリート、ガラスを用いて、機能性や合理性を追求する新しい建築でした。

しかし、丹下はここに日本の伝統美を取り入れ、融合させることに成功したのです。

たとえば国立代々木競技場の屋内には柱が1本もありません。選手と観客を一体にするこの開放感を可能にしているのは、橋などにつかわれる吊り構造です。

2本の支柱と2本のケーブルで屋根を支える構造で、これがそのまま外観になっています。**棟（むね）や屋根の印象的な反りは、縄だるみ曲線です。縄やひもの両端を持ち上げたときにできる曲線で、力学的に安定した形として知られています。**この反りは城の石垣や寺の屋根にも見られるもので、単調になりがちな競技場の外観をダイナミックで美しく、しかも伝統的な形で表現しているのです。

香川県庁舎もシンプルなコンクリート打ち放しですが、縦軸と横軸を交差させる外観は、清水寺の舞台を支える木組み（懸造（かけづくり））を思わせます。

また外壁面を前面に出さず、庇と縁（バルコニー）を張り出させるデザインも、日本の寺院建築が得意とする手法です。さらに等間隔に並んだ縦長の断面をしたバルコニーの小梁（こはり）は、五重塔の深い軒を支える垂木のような印象を加えています。

このように、丹下はモダニズム建築に日本の伝統美を取り入れ、まったく新しいデザインを完成させたのです。

国立代々木競技場の美しさ

国立代々木競技場（第一体育館）

棟にある鰹木をイメージした意匠

40mの支柱

伊勢神宮の棟にある
千木のような突起

棟の反りは縄だるみ
のような曲線

スターウォーズのミレニアム
ファルコン号が真似たとも思
える宇宙船的なデザイン

33cmの2本のワ
イヤーロープ

香川県庁舎

清水寺の舞台を支える懸造のイメー
ジからうまれた意匠

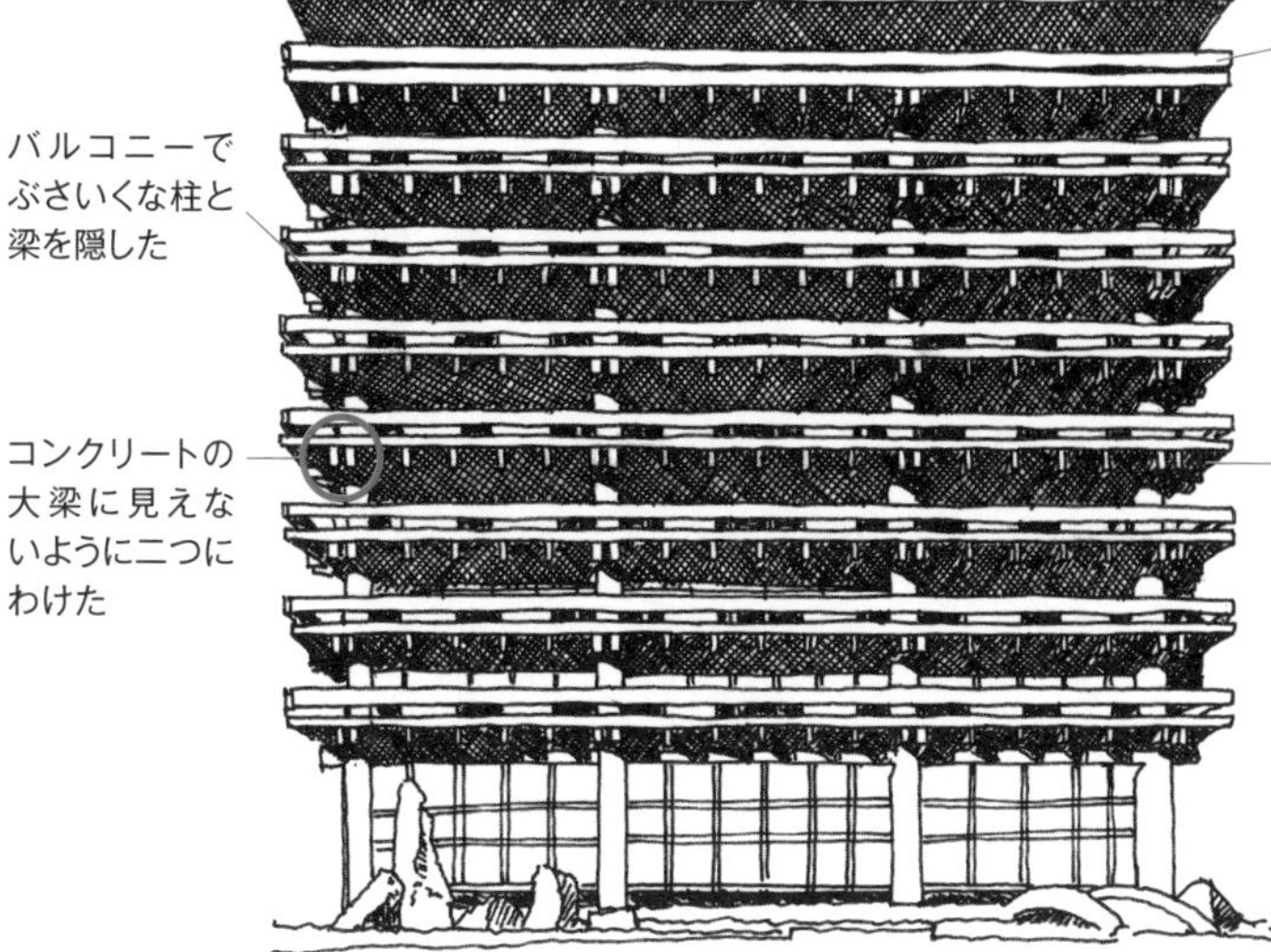

23 狭小住宅もアイデア次第で心豊かな暮らし

建築家・東孝光が都心から離れなかったワケ

地価の高い都会で大きな家を持つのは難しいものです。しかし狭い土地に建つ小さな家、**いわゆる狭小住宅にも、素晴らしいものがたくさんあります。そのさきがけが、左図のような建築家・東孝光の自邸「塔の家」です。**

東京の都心、青山キラー通りの道路拡幅で生まれた約6坪（20・5平方メートル）の三角形の残地。更地の状態で見れば、ここに住むイメージは起きないでしょう。

塔の家は、この場所に地下1階、地上5階建ての住宅として建てられました。現在は高い建物に囲まれていますが、竣工当時は、塔のようにそびえていたのです。

平面図を見ると、ほとんどが階段です。まるで踊り場が居室のようですが、内部に入ると印象はがらりとかわります。

階段の蹴込（踏板と踏板の垂直部分）がなく、さらに吹抜と階段が一体になっていることで、開放的な空間に見えるのです。その結果、中階が下階と一体化し、さらに上階とつながるので、各階が独立した部屋ではなく、全体で1部屋であるかのような印象になっています。

そして玄関以外にドアはありません。トイレも**浴室もドアはなし。ワンフロア・ワンルームに見えますが、全体が縦方向につながるワンルームともいえるでしょう。**音や視線のプライバシーも、高さによる絶妙な空間構成で緩和されています。

東孝光は、映画館や美術館などの文化施設があり、デパートや老舗で買い物ができ、友人も多い都市で暮らしたかったそうです。近年、田舎に一度隠居した高齢者が都市に帰ってくる例が近年増えていますが、その先行例だったといえるかもしれません。

都心の狭い土地でも豊かに暮らせる建築

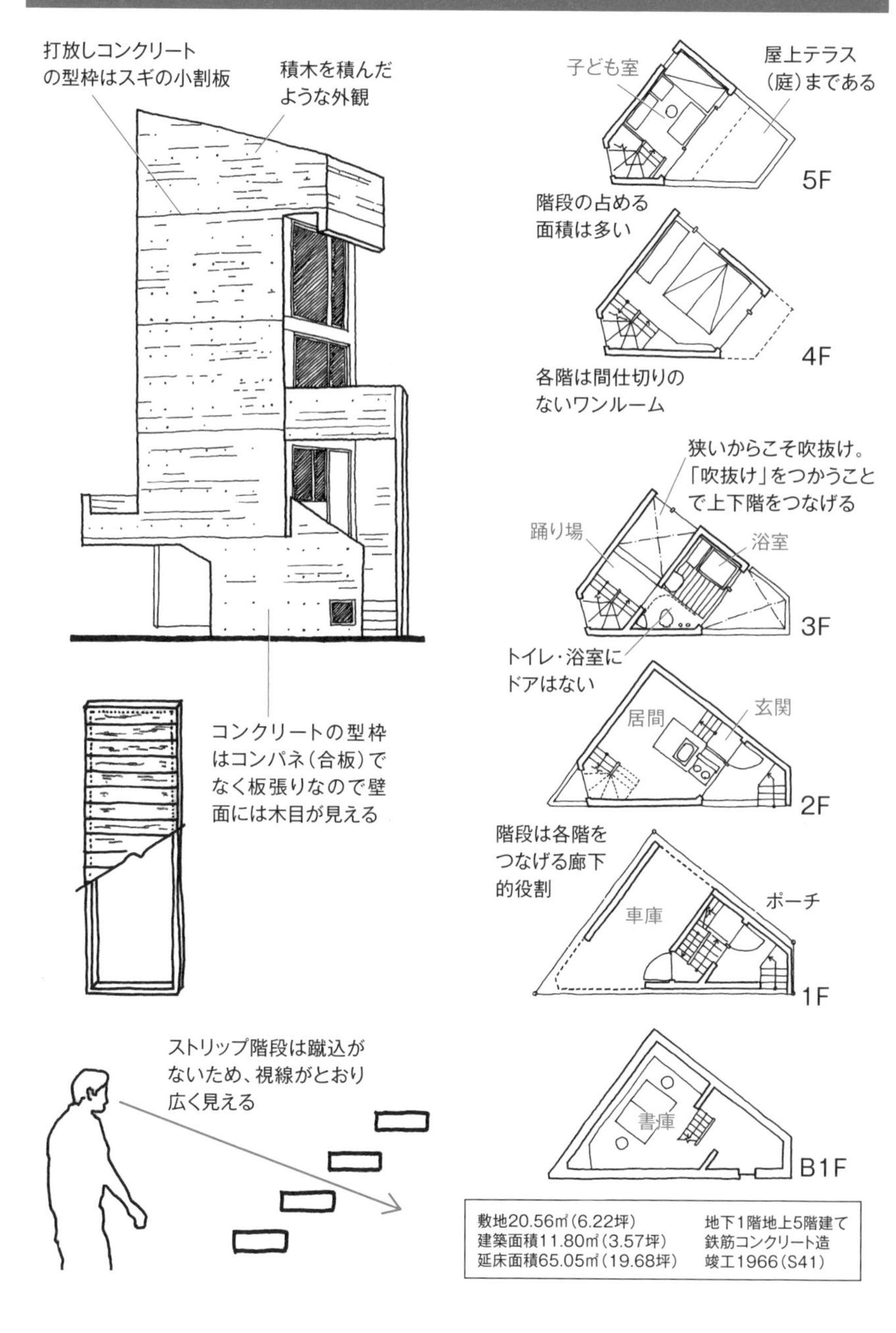

敷地20.56㎡（6.22坪）	地下1階地上5階建て
建築面積11.80㎡（3.57坪）	鉄筋コンクリート造
延床面積65.05㎡（19.68坪）	竣工1966（S41）

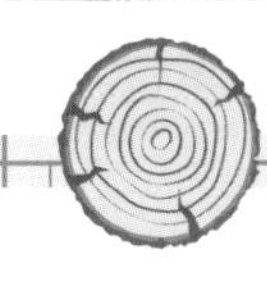

24 コンクリート打ち放しは自然を写す鏡

住吉の長屋、中庭に自然を取りこんだ建築家・安藤忠雄

建築家・安藤忠雄（あんどうただお）といえば、コンクリート打ち放しの建築を連想する人が多いでしょう。

実際、彼の初期の代表作である住吉の長屋は、三軒長屋の真ん中一軒を切り取り、屋根のない中庭とした、コンクリート打ち放しの住宅でした。

部屋を行き来するには、必ず屋根のない中庭を通らなければならず、ひどい雨が降れば傘が必要になるでしょう。この不思議な建物は、私たちに何を語りかけているのでしょう。

間口2間14坪の超狭小敷地に建つこの建築の四方はコンクリートの壁で囲まれています。住人の視線と意識は当然、なかへと向かいます。中庭に差す光、吹く風、降り込む雨に注意が向くのです。

つまり、住吉の長屋は、外とのつながりをあえて断つことで、自然と一体になれる空間をつくり出すものだといえます。

一般的に家は「暮らしを入れる器」と捉えられていますが、住吉の長屋は「自然を入れる器」といってもいいでしょう。「民家とは自然と一体となってうまれたもの」と考える安藤の思想と、長屋の持つ温かい人間関係が集約した建築なのです。

また、表情豊かな素材より、無機質なコンクリート打ち放しの方が、自然の気配と日々の変化をより感じることができると考えるのも、安藤の特徴です。

この思想は、後の代表作である光の教会や水の教会にも活かされています。住吉の長屋はたしかに不自由で不便です。**しかし、この不便さや不自由さを、安藤は新たな価値へとかえました。**

この価値観を暮らしに取り込むことで、自然厳しくも豊かで、変化に富んだ生活を営むことができるのです。

自然と一体になった住吉の長屋

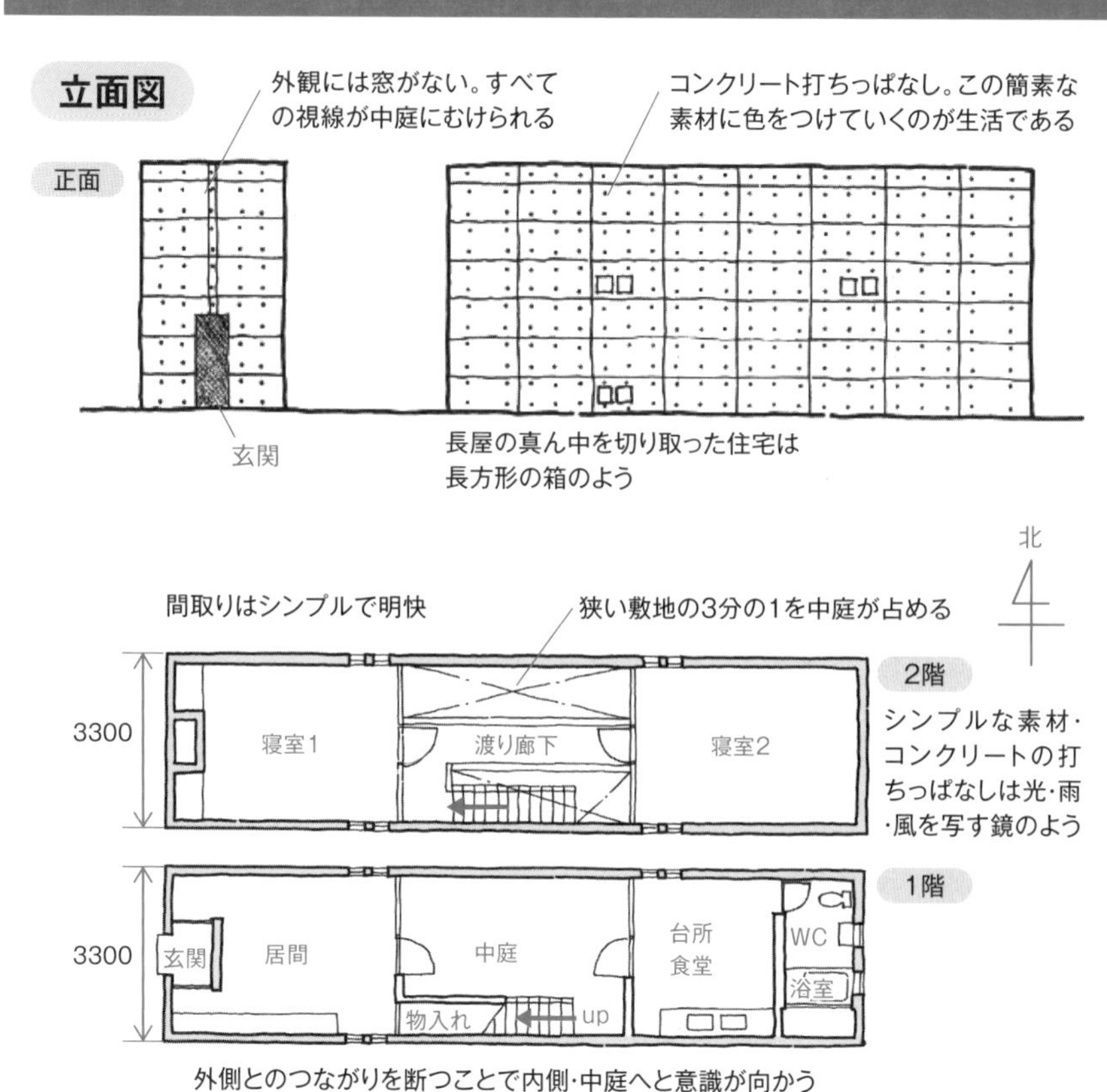

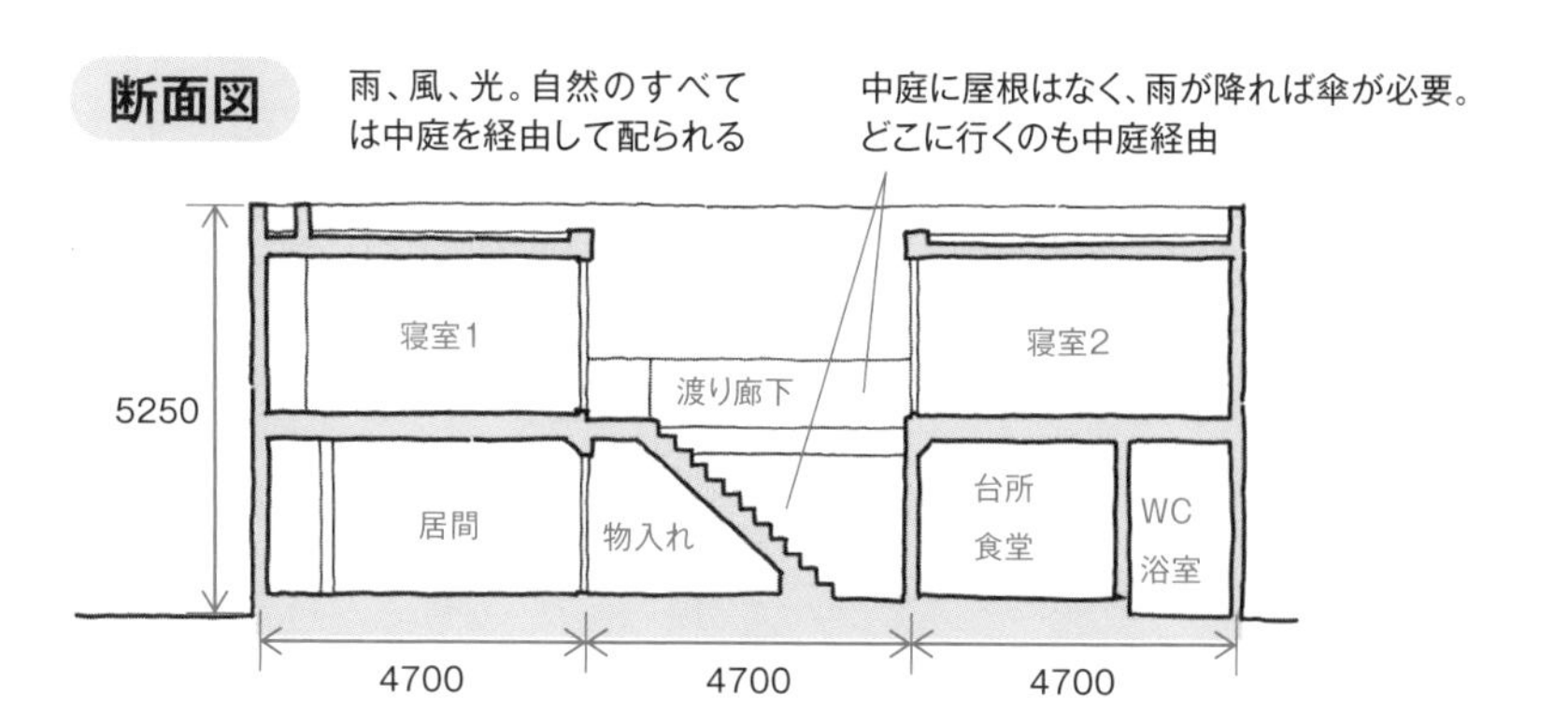

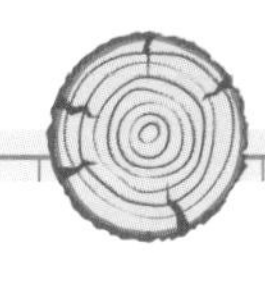

25 紙でできた家があるって本当？

強くて重いから弱くて軽い建築へ 坂茂(ばんしげる)の挑戦

おとぎ話『三匹の子豚』は強くて重いレンガの家で狼に勝利するお話でしたが、まるで対極の材料で建物をつくる建築家がいます。

坂茂(ばんしげる)がつかうのは、なんと紙。**坂は「材料自体の強度とそれをつかった建築の強度はまったく無関係」という考えに基づき、あえて弱い紙で強い構造をつくる活動を続けています。**

建築素材は、紙管と呼ばれる筒状の紙です。トイレットペーパーの芯を大きくしたような形状で、通常はコンクリート丸柱の型枠などにつかわれています。紙なので長さや太さ、厚みは自由です。ただし問題は法律でした。

日本で建築用素材として認められているのは木、鉄骨、コンクリートだけ。それ以外の素材で建てる場合は、その都度安全性を証明し、認定を受ける必要があります。そのため、坂は自分で紙の別荘を建て、認定を取得したのです。

紙の建築のおもしろさの一つは、自由度の高さです。紙管は1本ずつ柱や梁としてつかう以外に、面上に並べて壁や天井にしたり、竹のようにしならせて巨大なドームにすることもできます。非常に太い紙管を建て、内部をトイレとして利用することも可能です。もう一つの魅力は、特別な技術や道具を必要としない点です。

そのために、坂は、紙管と紙管をつなぐ部材（継手）や基礎との連結を簡素化し、一般人でもＤＩＹ感覚で組み立てられるようにしました。

阪神淡路大震災以降、さまざまな災害復興施設や仮設住宅に紙の建築が利用されていますが、ほとんどがボランティアによる組み立てです。

強くて重いから弱くて軽いへ。坂茂の試みは、新時代を象徴する建築といえるでしょう。

紙の強度を増すさまざまな工夫

紙管の使い方いろいろ

柱、梁としてつかう

壁としてつかう

屋根としてつかう

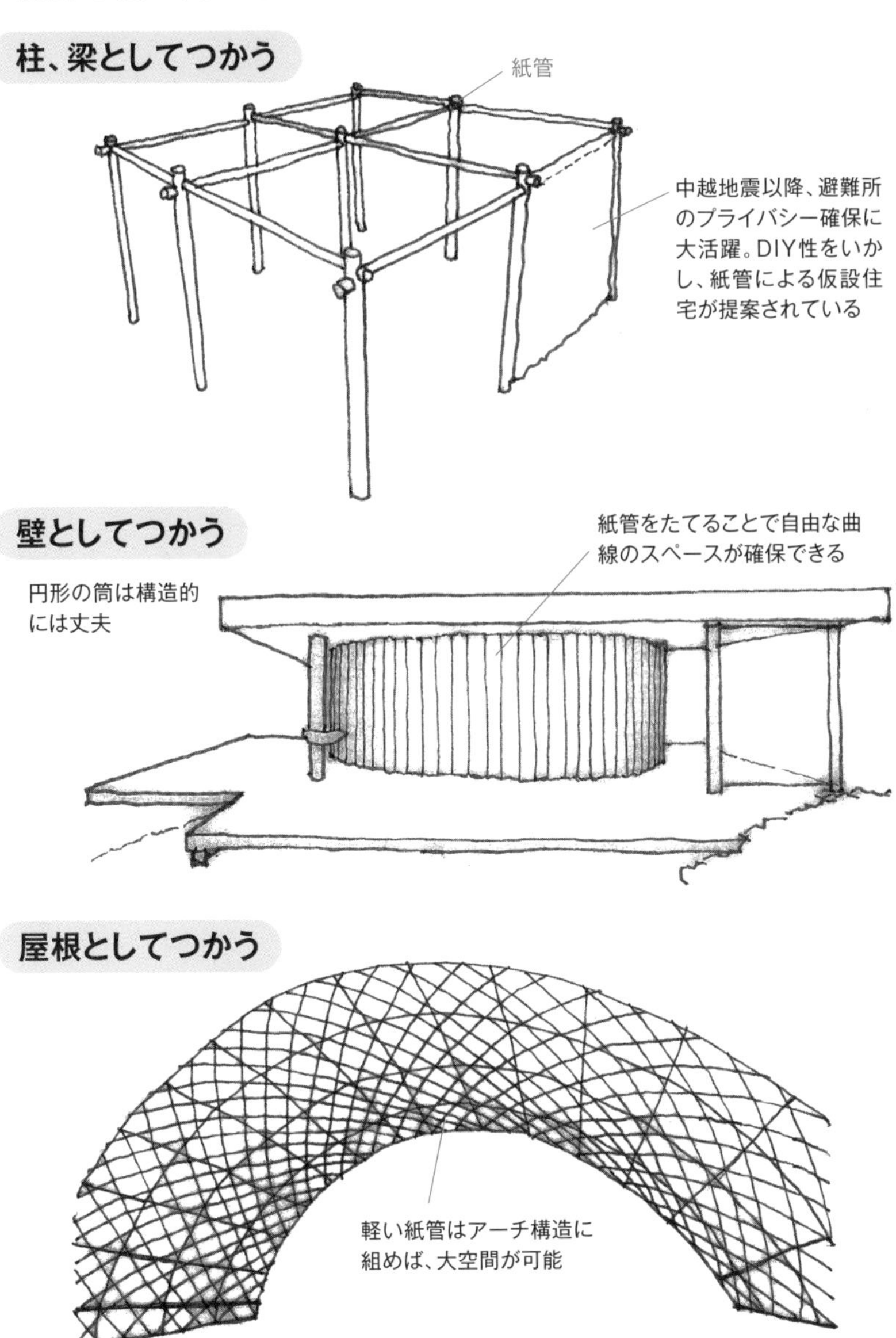

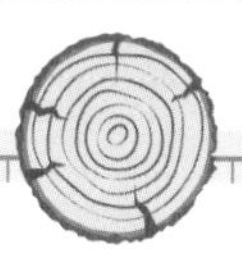

26 メタボリズムの思想は日本からの発信

時代やニーズに合わせて変化しない建築への疑問

家族の人数はライフステージによって増えたり、減ったりするものです。結婚直後は夫婦ふたりでも、子どもがうまれたり、両親と同居したり、親戚の集まる機会が増えれば、増築を考えます。しかし、やがて子どもが独立すれば広いスペースは必要なく、減築を検討するかもしれません。こうした変化は、会社のような組織、さらには都市全体にも起こります。

メタボリズムは、こうした増減に対応できる、可変性のある建築や都市をつくろうという考え方です。この新しい思想を提案し、中心となって進めたのは日本でした。

発表されたのは1960年に東京で開催された世界デザイン会議です。都市計画家の浅田孝をはじめ、菊竹清訓、黒川紀章、大高正人、槇文彦といった建築家やデザイナーたちがメンバーとして参加。

具体的には、まず建築物のコアとなるシャフト部分に水道、電気、ガスといったインフラの配管と移動手段である階段とエレベーターを固定します。それ以外の居室や執務スペースといった部分は、そのときどきの収容人数やニーズに応じて適宜増減できる建築が提唱されました。

代表的なものとして、黒川紀章設計の中銀カプセルタワービル、丹下健三設計の静岡新聞・静岡放送東京支社ビル、山梨文化会館などがあります。

メタボリズムのアイコン的存在である中銀カプセルタワービルは、当初はカプセル単位で海や山に出かけられるという構想でした。しかし実現することはなく、限定的な進歩にとどまっています。

その一方で、山梨文化会館は実際に増築や用途変更（**新聞印刷部をスタジオに変更**）を実施し、構想通りの可変空間として今も息づいています。

現在も息づくメタボリズムの思想

中銀カプセルタワービル/黒川紀章

メタボリズムの象徴

構想時、カプセルを脱着し、移動可能という構想だった

コア

カプセル1個の大きさは2.5m×4.0m×2.2m140個のカプセルで構成されている

建築家・黒川はカプセルを外して野山でつかい、また戻すことを意図した。その意図がデザイン化された建物

カプセルの内側

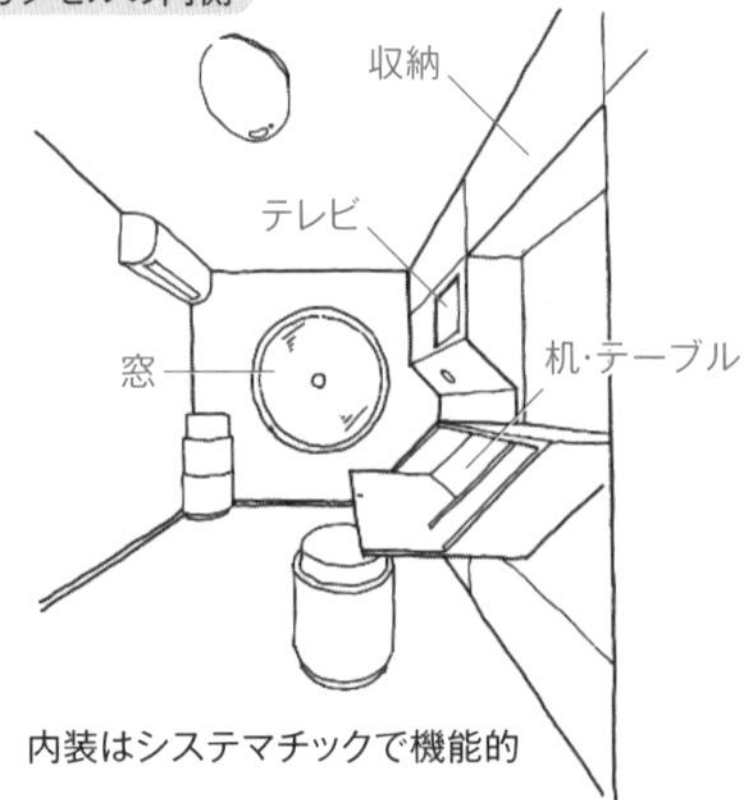

内装はシステマチックで機能的

山梨文化会館/丹下健三

実際に可変空間として存在している

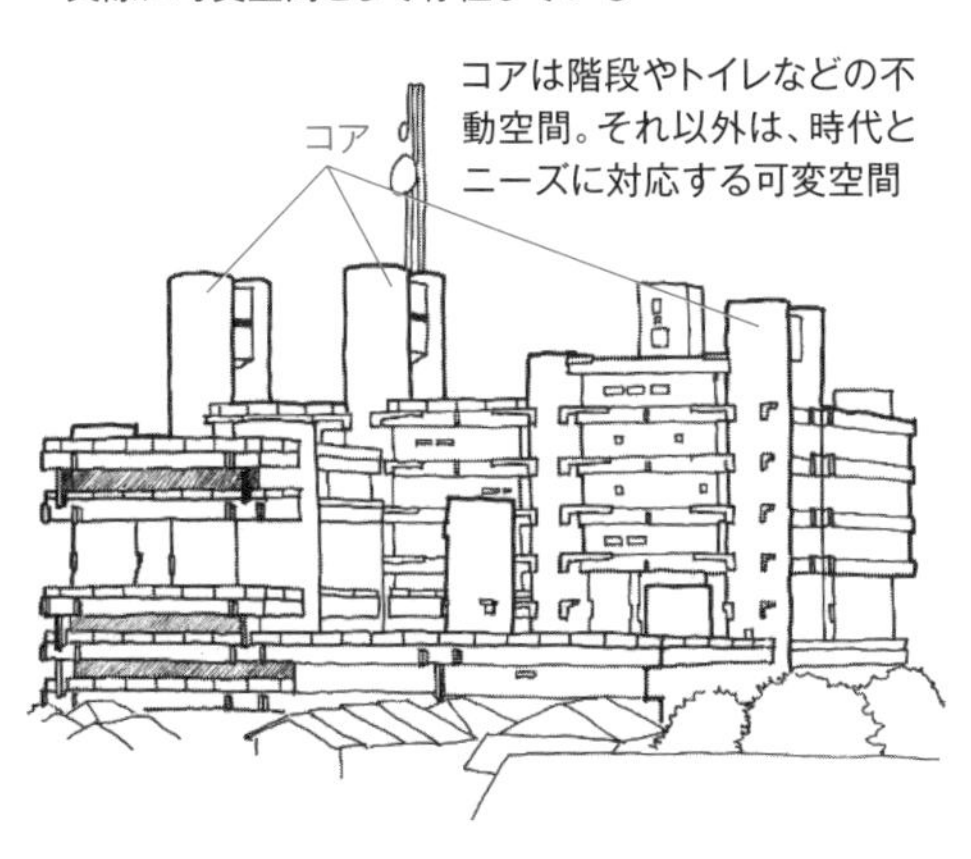

コア
コアは階段やトイレなどの不動空間。それ以外は、時代とニーズに対応する可変空間

静岡新聞・静岡放送東京支社ビル/丹下健三

コアを持つ塔を接続させ廊下でつなぐことが可能である。ニーズに合わせて増減する構想だった

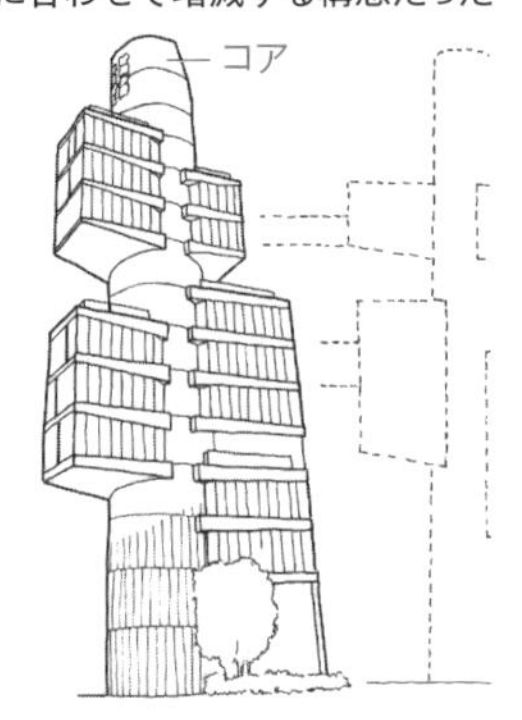

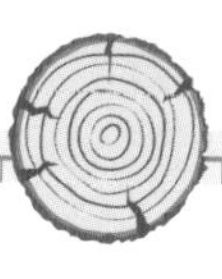

27 新国立競技場が木をつかったワケ

コンクリートから木へ！ 時代を見すえた建築家・隈研吾の狙い

20世紀の巨大建物はコンクリート造が常識でした。しかし時代はかわりつつあります。その象徴の一つが2019年末に完成した新国立競技場です。従来、競技場の外観は殺風景になりがちでしたが、**隈研吾（くまけんご）の設計した新国立競技場は木の庇をつかうことで、ぬくもりある姿を実現しました。**さらに庇に緑を配し、明治神宮外苑と調和した杜のスタジアムとなっています。

木をつかった理由はほかにもあります。その一つは地球温暖化の抑制です。樹木は一定程度まで成長するとCO_2吸収が極端に低下することがわかっています。その段階で伐採して有効活用し、植え直すのが環境にとってベストなのです。木材をつかった建築は、持続可能な資源活用法として、世界のトレンドになっています。

コンクリートを木におきかえるとき、問題になるのは強度です。断面の大きな集成材は特定の工場でしかつくれませんが、**新国立競技場では、木と鉄骨のハイブリッド構造をとり入れることで、標準サイズの木材（幅10・5センチの流通材）をつかうことを可能にしました。**

この木は、町の製材工場でも加工できます。ここには小さな技術で大きなスタジアムをつくる、という建築家の狙いがあるのです。

それだけではありません。日本は国土の7割が森林ですが、流通材の7割は外国産に頼っているのが現状です。新国立競技場のような巨大プロジェクトで地元が調達できる流通材をつかうことは、地域産業の活性化につながります。また、輸送による環境負荷も最小限に抑えられるでしょう。木をつかったスタジアムには、こうした多くの願いが込められているのです。

第3章

寺社はこだわりの世界

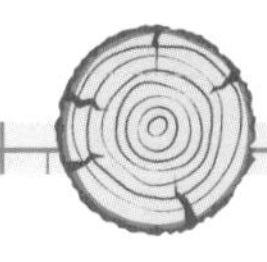

28 須弥山図と比べればお寺の配置がわかる

境内は仏に至る道（須弥山図）を模している

お寺の境内では、まず最初の門（総門、大門）をくぐって参道を抜け、仁王門に着きます。その先にある広場前の本殿階段を昇って御本尊に会うという流れが一般的です。

実は、この順序には理由があります。その手がかりは仏教の世界観を描いた須弥山図です。

この図では、現世のはるか遠くの海上に須弥山という世界の中心にそびえる山があり、2匹の龍がふもとで邪鬼の侵入を防いでいます。山道を登って山頂に着くと待っているのは帝釈天です。ここで前世の検査を受け、忉利天という広場に通されます。すると、天界から仏たちが迎えに来てくれるという流れになっているのです。

もうおわかりでしょう。**お寺の総門や大門に2匹の龍が描かれていれば、そこは須弥山の入口です。**参道はさんどうと読みますから、山道と読みかえることができます。山伏修行で有名な羽黒山で、修験後の帰路を産道（修行でうまれかわったという意）と呼ぶのと同じです。

仁王門の両側では、阿形と吽形の仁王像が睨みを利かせています。二身一体の仁王は帝釈天の変身した姿です。**この門の先にある広場が忉利天。そこから本殿の階段を上れば、天界から来た御本尊に会えます。つまり境内は、須弥山図をなぞっていると考えられるのです。**

古代、寺の多くは山にあったので、参拝者は須弥山を上る臨場感を強く感じたことでしょう。**しかし平地にある現在のお寺、たとえば浅草寺などでも十分、須弥山の世界を体験できます。**寺号の上に山号がつくのも納得できるでしょう。これは、わたしたちスタジオワークがフィールドワークで得た考え方です。

お寺の配置と須弥山図を比較してみよう

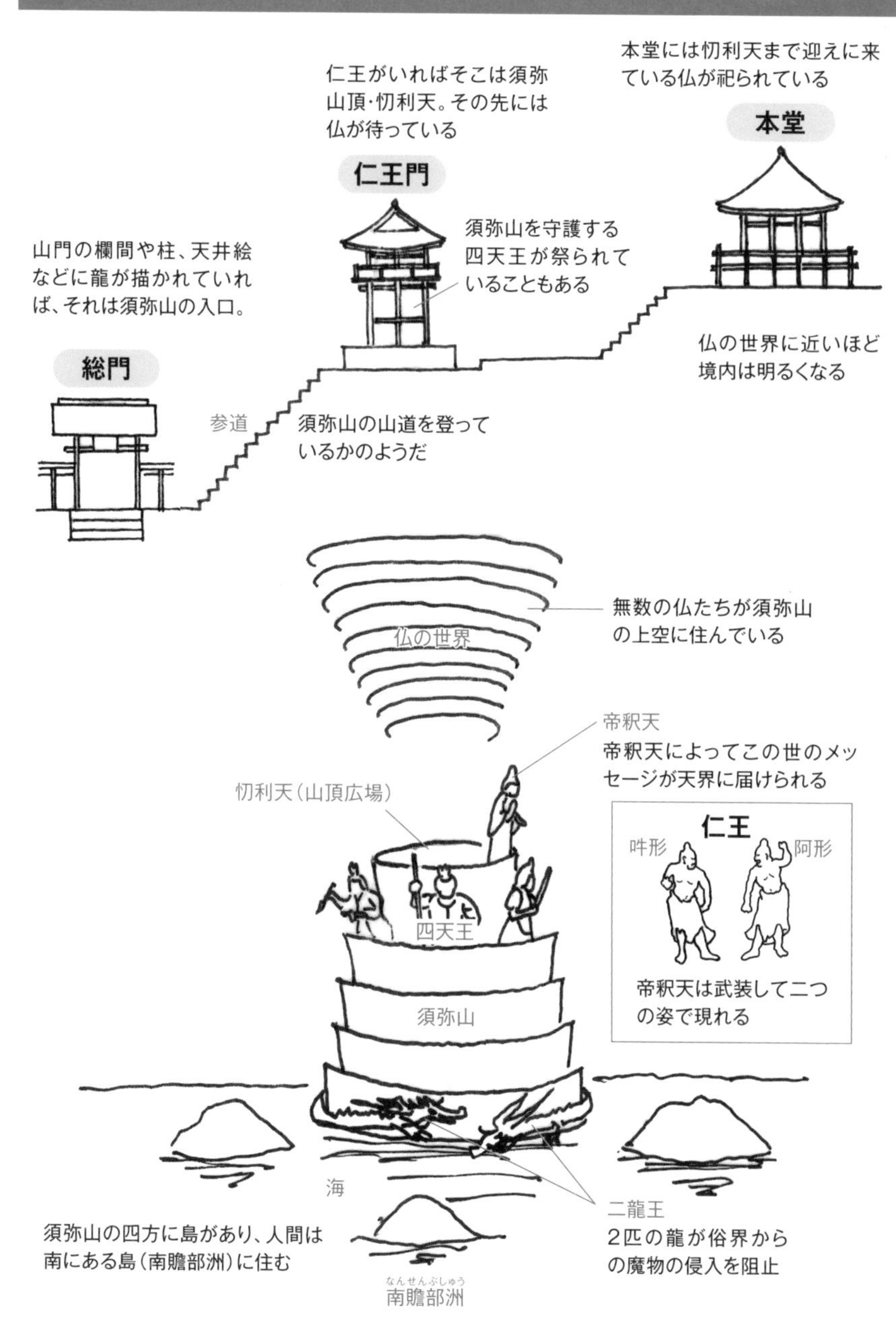

仁王がいればそこは須弥山頂・忉利天。その先には仏が待っている
本堂には忉利天まで迎えに来ている仏が祀られている
本堂
仁王門
須弥山を守護する四天王が祭られていることもある
山門の欄間や柱、天井絵などに龍が描かれていれば、それは須弥山の入口。
総門
参道
須弥山の山道を登っているかのようだ
仏の世界に近いほど境内は明るくなる
仏の世界
無数の仏たちが須弥山の上空に住んでいる
帝釈天
帝釈天によってこの世のメッセージが天界に届けられる
忉利天（山頂広場）
仁王
吽形
阿形
帝釈天は武装して二つの姿で現れる
四天王
須弥山
海
二龍王
2匹の龍が俗界からの魔物の侵入を阻止
須弥山の四方に島があり、人間は南にある島（南贍部洲）に住む
南贍部洲（なんせんぶしゅう）

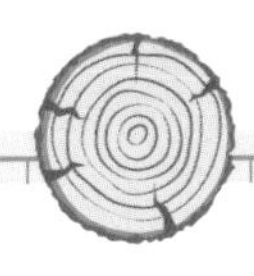

29 おじぎをして見上げると仏界が見えてくる

お堂で正座して拝むのは、仏に会うための所作

お寺のお堂に入ると、多くの場合、須弥壇（しゅみだん）の上に南を向いた仏像が鎮座しています。**壇上は仏様の専有空間（内陣）です。わたしたちが入れるのは一段低い床までで、外陣と呼ばれます。**

外陣が殺風景な板張りなのに対し、内陣の天井には極彩色の蓮花（れんげ）や金雲とともに仏たちの世界が描かれており、浄土を表しています。

このお堂にも須弥山図が隠れているのがわかるでしょうか。図では海上にそびえる須弥山の南に、人間たちの住む南贍部洲（なんせんぶしゅう）という島が浮かんでいます。お堂正面にある須弥壇を須弥山とすると、礼拝する座布団が南贍部洲にあたるのです。

天井の浄土から仏たちが壇上に降りてくるのを、私たちが迎える、という須弥山図の姿が仏堂の内部に再現されているのです。

僧侶の人たちがするように、座布団に正座しておじぎをしてみましょう。座礼をすると視線は下に向かい、外陣の床が目に入ります。殺風景な板張りは、この世を表したものです。

そこから頭をゆっくり上げていくと須弥壇、つまり須弥山が見え、さらに目線を上げれば壇上の忉利天（とうりてん）に達し、迎えに来てくださった仏たちと目を合わせます。ちなみに忉利天は、私たち人間が修行によって自力で到達できる世界の果てです。視線の先に映る内陣の天井、つまり浄土に至るには、仏の案内が欠かせません。

このように礼拝は浄土に至る道筋を体現することであり、お堂はそのための器なのです。

ですから、お堂では必ず正座して礼拝することをおすすめします。座る位置、視線の動きによって目に映るもの、その一つ一つの変化が仏の世界へのいざないなのです。

須弥山図を片手に堂内を見てみよう

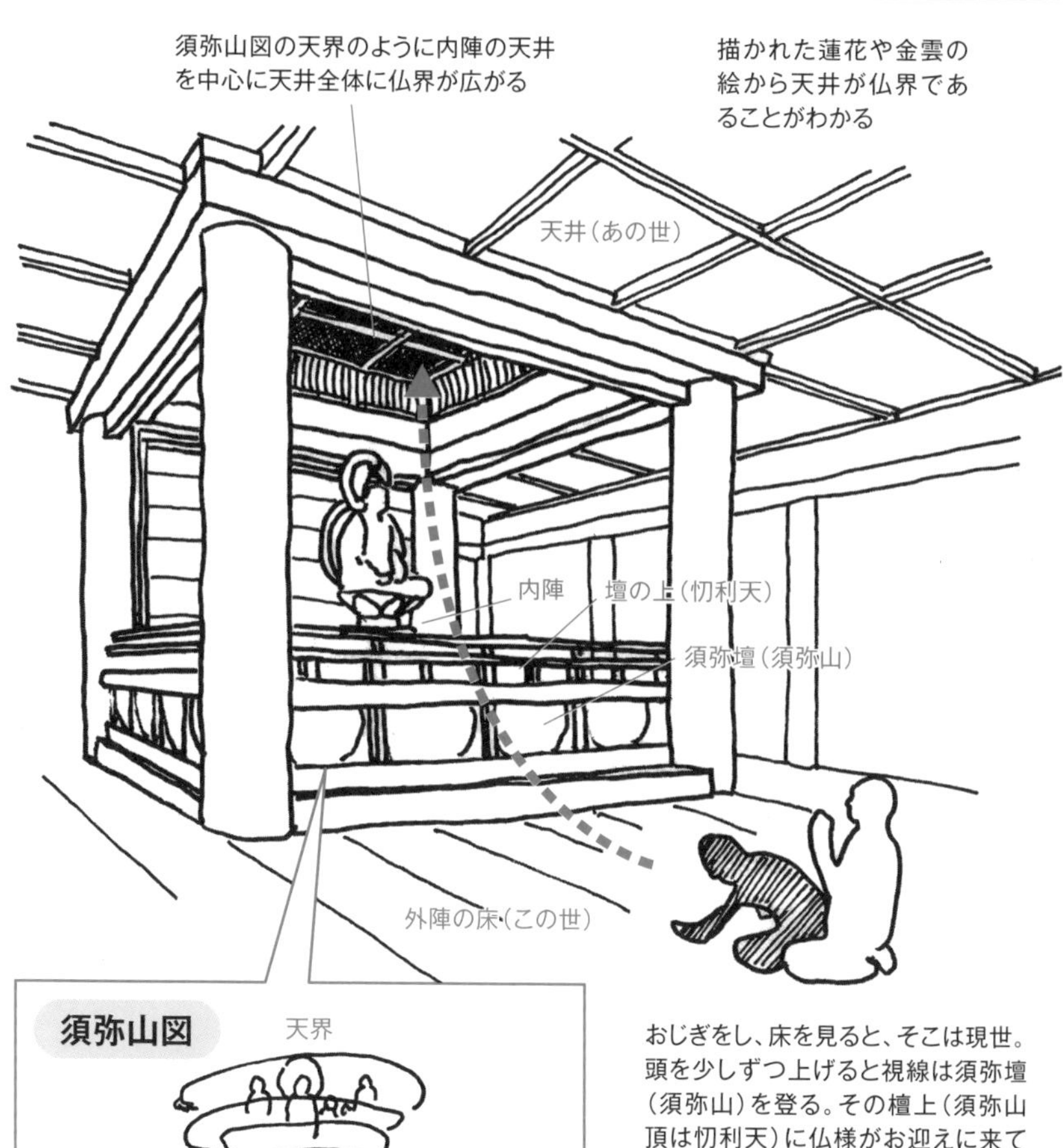

おじぎをし、床を見ると、そこは現世。頭を少しずつ上げると視線は須弥壇（須弥山）を登る。その檀上（須弥山頂は忉利天）に仏様がお迎えに来ている。更に視線を上げると極彩色の天井に飾られた他界に招いてくれる

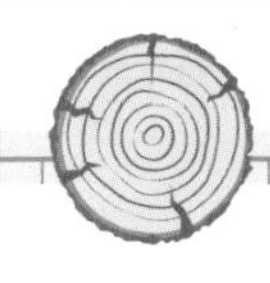

30 伽藍の配置は仏塔の位置で見分ける

仏塔がどこにあるかで時代がわかる

五重塔などの仏塔、金堂、講堂、門など、寺院を構成している施設を伽藍（がらん）といいます。いわゆるお堂です。

仏塔はお釈迦さまの遺骨（仏舎利）を納めた施設です。金堂には如来や菩薩（ぼさつ）などの仏像（本尊）が安置されています。講堂は説教や講義、集会を行う場所。これらの施設を囲むのが回廊で、その一部に中門が付けられます。回廊内は神聖な空間なので、一般の人々は入れませんでした。仏教伝来後しばらくのあいだ、中門は参拝者の入口ではなく、法要などを行う儀礼の場だったのです。

伽藍の配置は、時代によって変化しました。ポイントは仏塔の位置です。かつて信仰の中心は、仏舎利（ぶっしゃり）をおさめる仏塔にありました。

しかし年月が経つとともに、人々は仏像の方に心を動かされるようになっていきます。この変化が、伽藍の配置にも影響を与えたのです。

日本最古の本格的な伽藍を持つ飛鳥寺の伽藍を飛鳥寺式伽藍と呼びます。仏塔を三方から金堂が取り囲む配置であり、仏塔重視は明らかです。時代が下り、四天王寺式伽藍になると、仏塔、金堂、講堂が一列に並びますが、正面はまだ仏塔でした。

ところが、法隆寺式伽藍では仏塔と金堂が横に並び、対等になります。そして薬師寺式伽藍に至ると、ついに金堂が中心になるのです。

興福寺式伽藍では、仏塔は回廊の外に配置されます。これは、人々が回廊内に入れるようになった時期と重なっています。そのあと東大寺式伽藍では仏塔はさらに遠く離れ、寺院のサインのような存在になっていきました。

伽藍を知ると、飛鳥、奈良時代の人々の心の変遷を読み取ることもできるのです。

伽藍の中から仏塔は時代とともに遠ざかる

●伽藍は仏塔と金堂の関係をみてみよう

飛鳥寺式

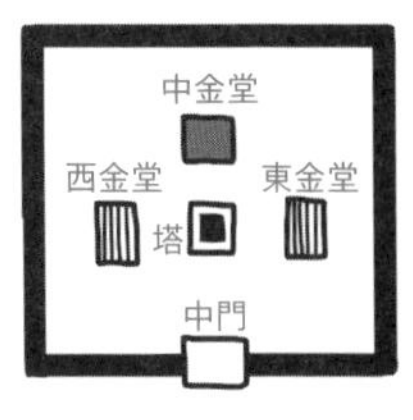

3方を金堂で囲み、塔を重視している

四天王寺式

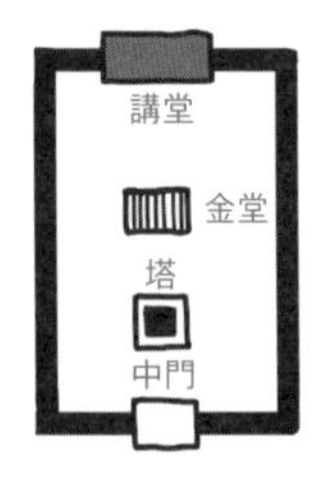

塔･金堂が一直線に並ぶ。塔が前にあり、まだ塔が優位

法隆寺式

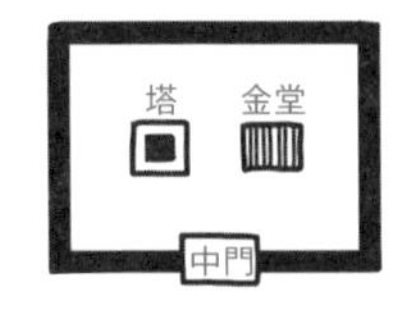

塔と金堂が並び、同等に配置

薬師寺式

金堂を中心に塔が脇待のような引き立て役

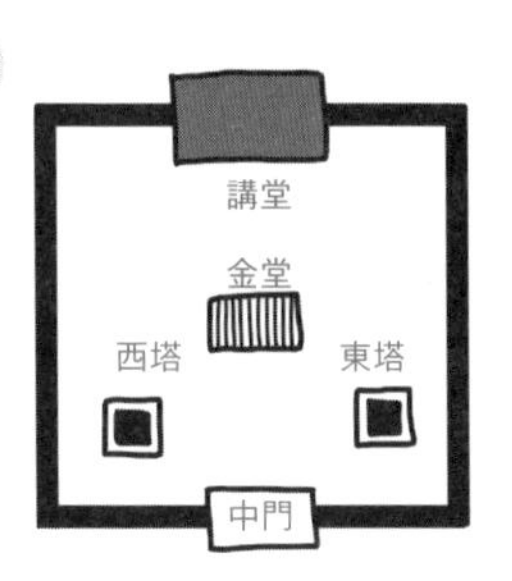

興福寺式

塔は回廊から外に出され、金堂が重視される。回廊内に参拝者が入れるようになった

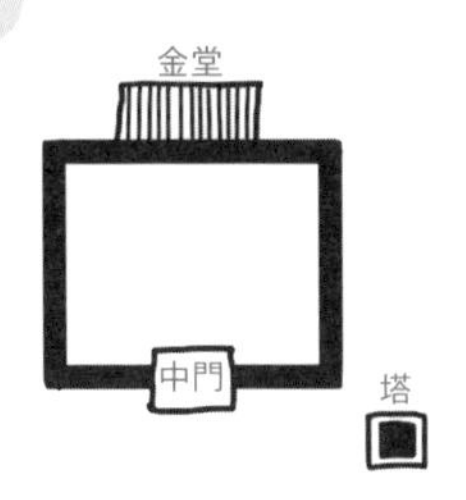

東大寺式

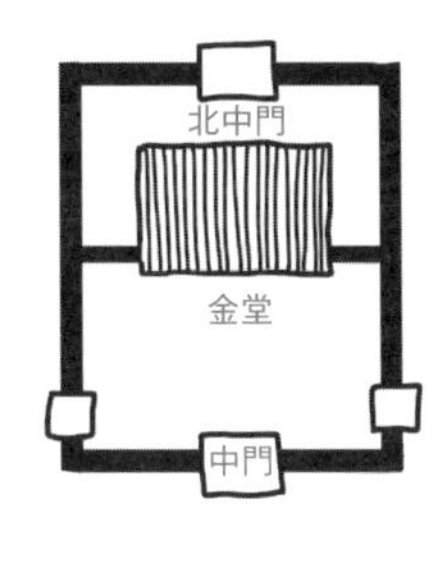

塔は寺の境内を示すサイン的存在になる。大仏が安置され、金堂重視がきわだつ

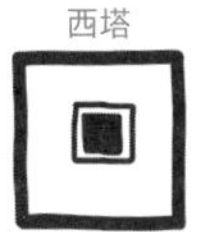

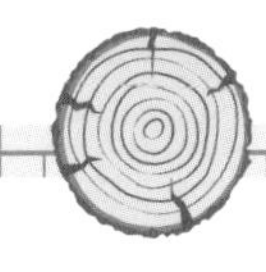

31 寺院には和、禅宗、大仏の3様式がある

日本の寺院様式は、時代のなかで併存してきた

西洋の寺院は、ロマネスク様式（10～12世紀）からゴシック様式（12～15世紀）そして15世紀以降のルネッサンス様式と、時代とともに変化しました。

ところが、日本の寺院様式は時代を反映していません。**古代から受け継がれた和様、中世に成立した禅宗様と大仏様、おもにこの三つの様式が併存し続けてきたのです。**

時代を経ても各様式は葛藤することなく、むしろ混在した折衷様式までうまれています。

和様は、奈良時代に唐から伝来した様式がルーツです。そのあと遣唐使の中断などで次第に和風化され、和様と呼ばれるに至りました。

中国では朱塗りだった木部が木肌の素地になり、土間は湿気対策で高床に。柱上と柱間の梁の上に蟇股や束状の間斗束を載せるのは上部の荷重を分散させる和様特有の工夫です。代表例は平等院鳳凰堂などがあります。

禅宗様は、鎌倉時代に宋から伝来した建築様式です。日常生活すべてを修行とする禅宗の考えに基づき、宋の様式をそのまま取り入れました。**和様より垂直性が強く、細部は女性的な曲面をつかい、細かい部材を詰め込んだ組物による構成美が特徴です。**代表例は円覚寺舎利殿。

大仏様は東大寺再建に際し、当時まだ無名の僧侶、重源が生み出した様式です。**挿肘木（柱に穴を開け肘木を挿し込む手法）という大胆な方法で、雄大豪壮で男性的な表現をするのが特徴です。**東大寺南大門や浄土寺浄土堂がその代表です。

その後、鎌倉末期から室町時代にかけ、和様をベースに大仏様や禅宗様の細部を取り入れた折衷様が成立。観心寺本堂がその代表格です。

3様式の違いをチェックしてみよう

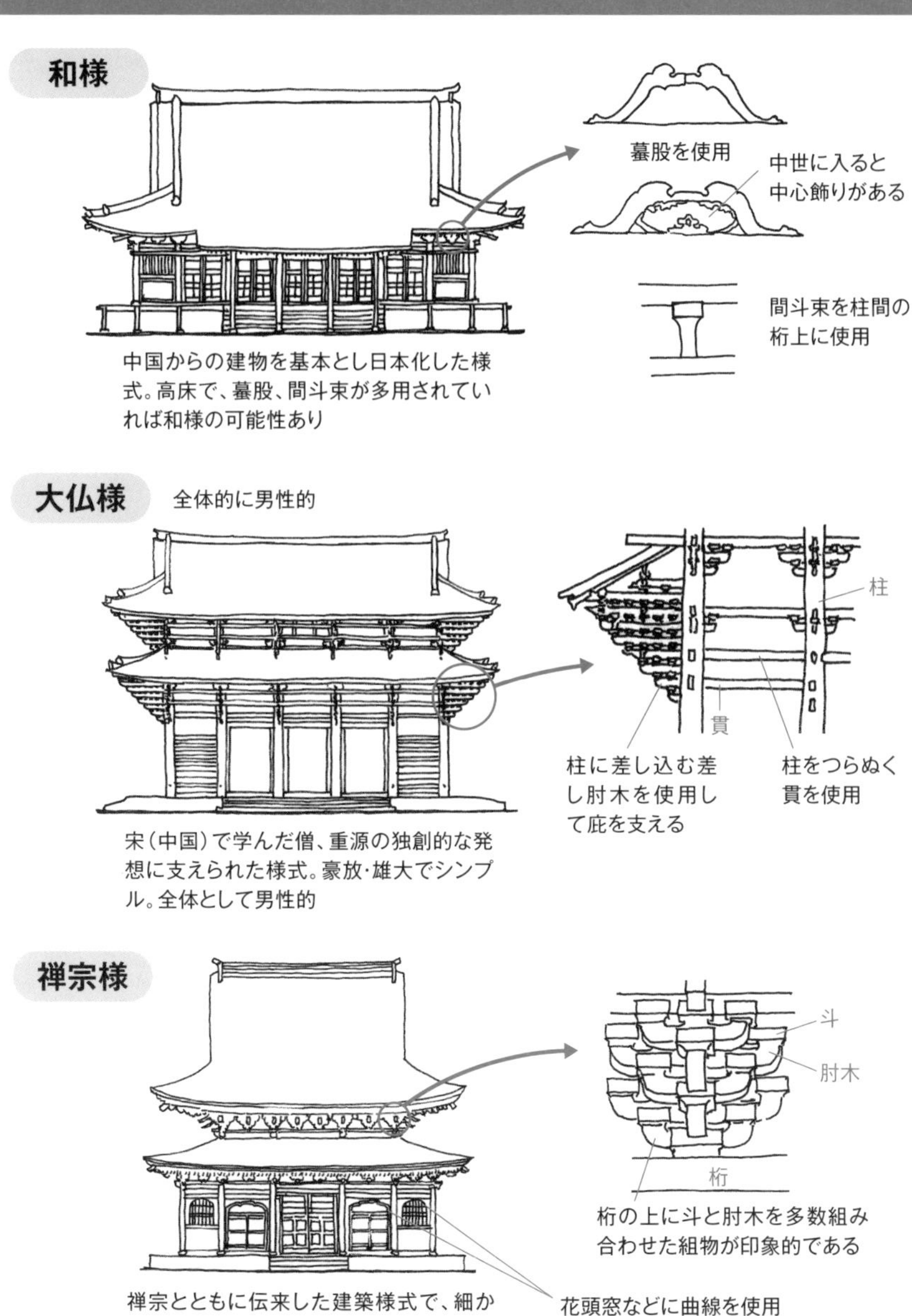

和様

中国からの建物を基本とし日本化した様式。高床で、蟇股、間斗束が多用されていれば和様の可能性あり

大仏様

全体的に男性的

宋（中国）で学んだ僧、重源の独創的な発想に支えられた様式。豪放・雄大でシンプル。全体として男性的

禅宗様

禅宗とともに伝来した建築様式で、細かい部材で構成した組物を多用。要所要所に曲線が用いられ全体として女性的

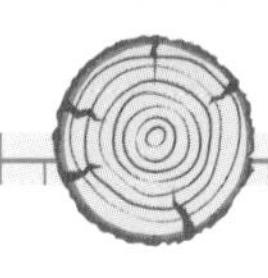

32 ○と□の組み合わせで宇宙を表す

多宝塔、御陵、土俵、銅銭は○と□で天と地を表す

相撲の土俵をよく見ると、土俵の円の外側に必ず四角い枠があります。勝負の判定には無用と思えますが、なぜこんなものがあるのでしょうか。

じつは、これは天円地方という古代中国の世界観に基づくものです。天は丸く、地は四角いとする考え方で、○と□の二つで宇宙を表現しています。相撲の土俵は小さな宇宙なのです。

建築にも天円地方は見られます。**仏塔の代表的な形式である多宝塔は、仏のいる内陣は円形（天）、人が拝観する外陣は方形（地）になっており、平面図にすると土俵と同じ図形です。**

外観でひときわ目を引くのは白い漆喰塗りの二つの亀腹です。1階庇の上にある饅頭形の半球体と、床下にある四角形の台座です。天円地方の思想を好んだ空海は、平面、立体ともに○と□で構成とする多宝塔を数多く建てました。

ちなみに昭和天皇の御陵も三重の方壇の上に、二重の円丘を載せた上円下方墳で、天円地方の立体的表現になっています。明治天皇、大正天皇、古くは天智天皇も同じ上円下方墳です。

先日、世界遺産に登録された仁徳天皇陵（大山古墳）の前方後円墳にも天円地方の思想が影響しているのかもしれません。そのほか、建築では正方形の礎石（基礎の石）の上に丸い柱を建てた円柱方礎、禅宗建築の正方形の礎石に半球体の礎盤を載せる柱礎も同様の形です。

建築以外でも、和同開珎や寛永通宝といった銅銭も、○と□で構成されています。なぜこうしたことをしたのでしょう。**それは、この宇宙全体の同じ形（天円地方）を地上に描くことで、天から落ちてくる気を受け止め、宇宙と一体化できると考えたからだといわれています。**

こんなにもある○と□

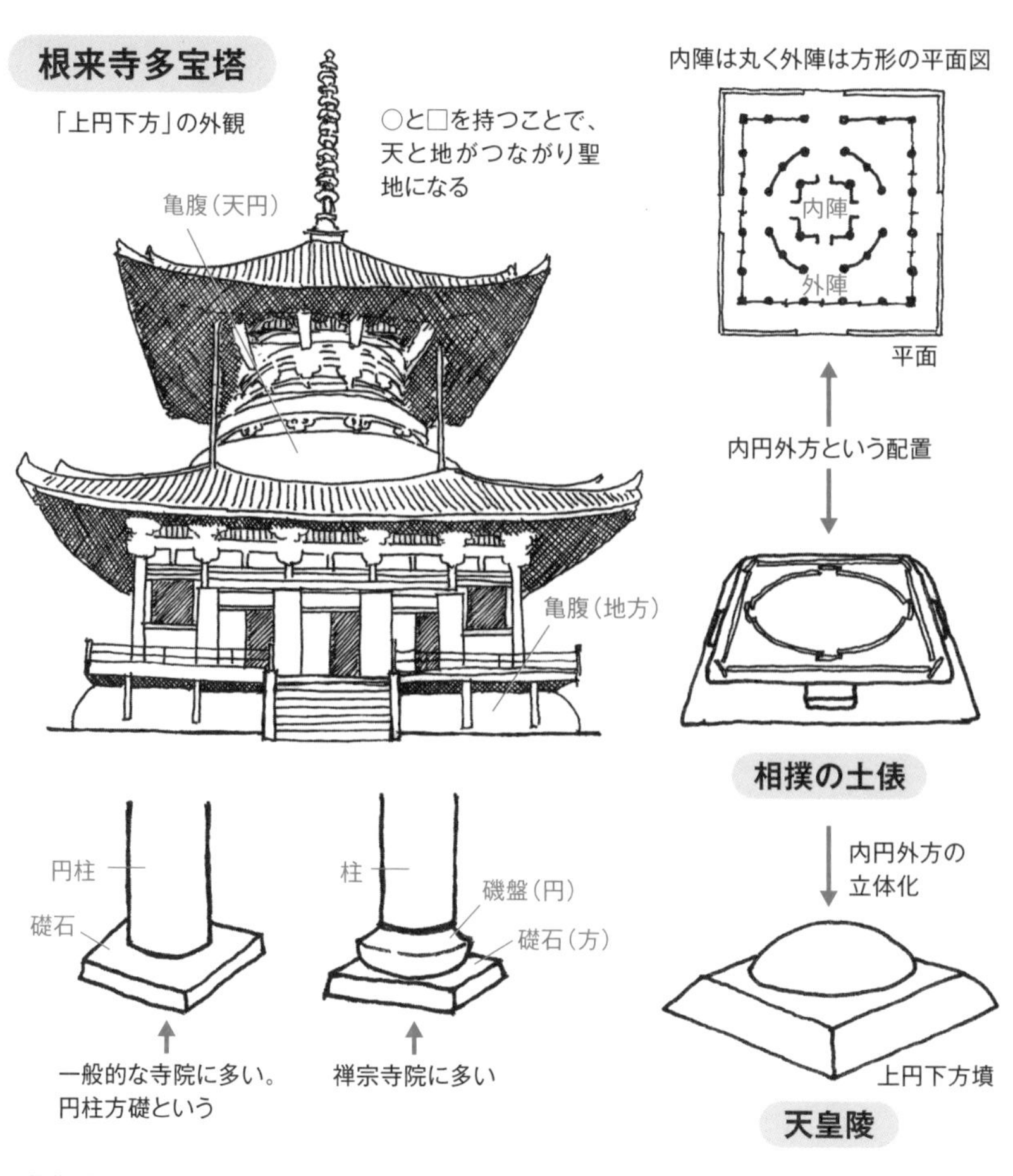

一般的な寺院に多い。
円柱方礎という

禅宗寺院に多い

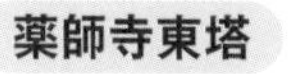

地円飛角と呼ぶ

飛檐垂木（ひえんたるき）

地垂木（ちたるき）

天の気が上昇し、地の気が降りて交わることを願って天地を逆転している

古銭　外円内方

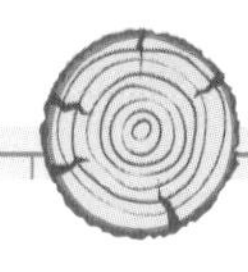

33 日本にもあった黄金分割

日本の黄金比「大和比」は1対ルート2

世界最古の木造五重塔である法隆寺の五重塔。その美しさの秘密は、屋根幅が徐々に狭まる姿にあるといわれているのをご存知でしょうか。

最上階の屋根幅を1とすると、1階の幅は約1・4倍になっています。

1・4はルート2（1・414…）に近く、実はこの1対ルート2という比率が、法隆寺の至るところにつかわれているのです。たとえば塔と金堂を囲む回廊の縦横比、正面から見た金堂の上層階と下層階の建物幅の比率はいずれも1対ルート2になっています。

多用したのは、これが美しい比率だと考えていたからにほかなりません。**西洋では1対1・61ですが、日本では1対1・41（ルート2）が黄金比だったといって過言ではないでしょう。この比率を大和比と呼ぶ専門家もいます。**

大和比は身近なものにも数多くつかわれてきました。たとえば日の丸の縦と横、新聞紙、一般的な週刊誌、文庫本のサイズはこの比率が基本になっています。美濃紙（半紙）も1対ルート2ですから、当然それを使用する障子戸の組子の縦横も同じ比率になったのです。

大和比は、私たち日本人にとって、見慣れた安定したバランスなのだといえるでしょう。

大工さんの持つサシガネ（L字形のスケール）という工具には、表は1ミリ刻み、裏はそれにルート2倍をかけた寸法が刻まれています。つまり表の目で2センチをあて、次に裏の目で2を読み取れば2ルート2の寸法値になるわけです。

大工さんはこれを利用することで、面倒な1・41やルートを計算する煩わしさもなく、日本の黄金比をごく自然につくりあげてきました。

大和比は建築だけではない

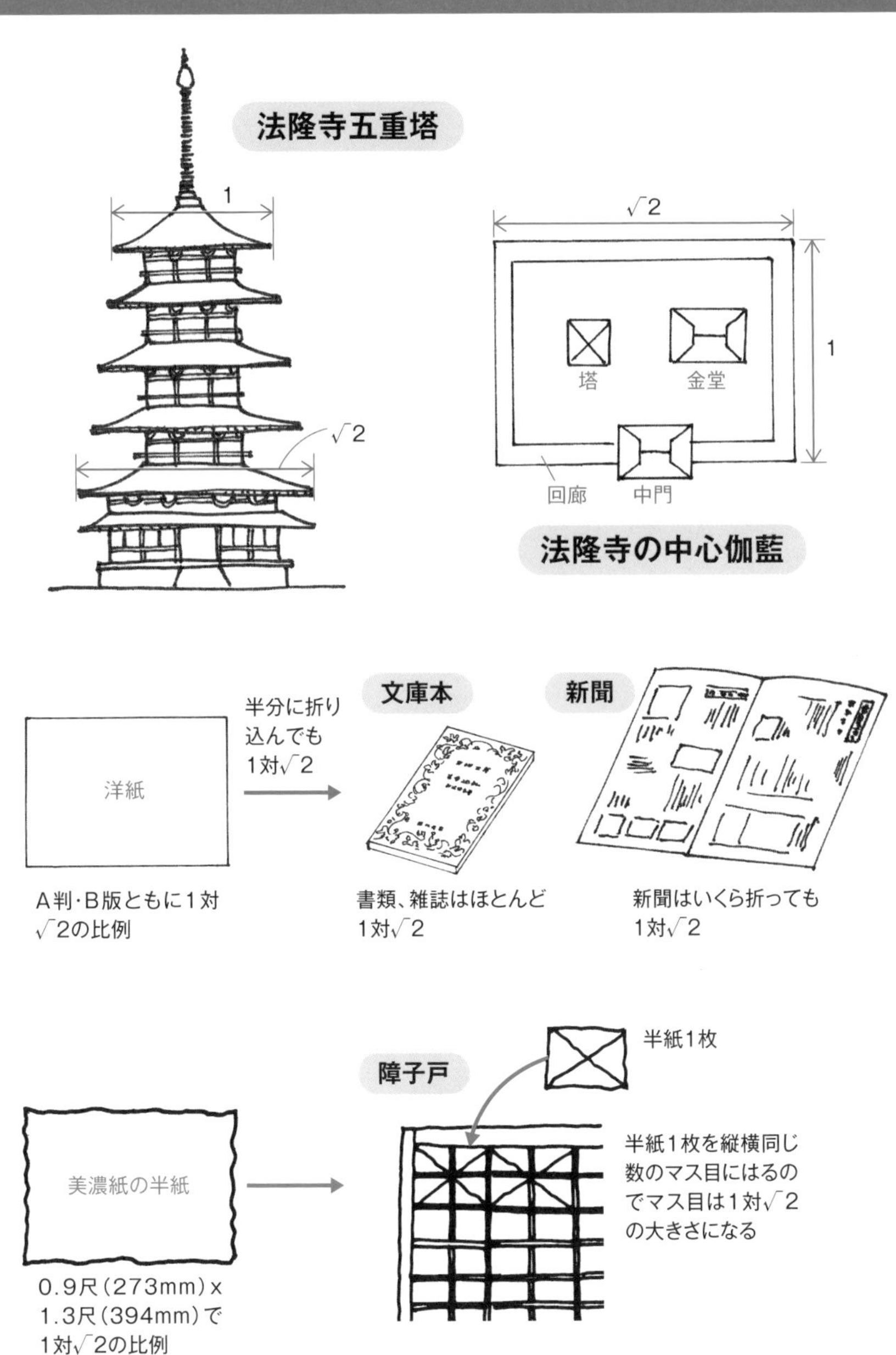

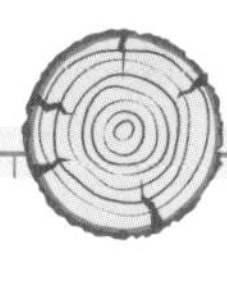

34 拝むのは正面からだけとは限らない

日本でも「回る」拝み方が古くからある

仏像を拝むときは、お堂の正面から礼拝するものと決めつけていませんか?

実は礼拝は正面からだけではありません。チベット仏教(密教)を信仰するブータンやチベットでは、仏塔の周囲を時計回りに歩きながら祈ります。イスラム教のメッカ巡礼でも人々が渦を巻いて回りながら祈っている姿が見られます。

日本も古くはそうでした。**伊勢神宮の正殿、中央床下に立つ心御柱は、倭姫命が聖なる杖を突き挿し、周囲を回ったのが始まりとされます。**

上賀茂神社の御阿礼祭でも、角と称する杉の神籬(神を迎えるための依代)を中心に神官が巡る儀式があります。これは社殿のなかった時代の、古い礼拝の姿を伝えるものなのです。

建築物はどうでしょう。たとえば法隆寺の五重塔は仏塔の四面に扉があり、仏像も四方を向いています。金堂も四方に扉を持ち、これらを囲む通路の名前は回廊です。

断定はできませんが、回りながら礼拝した昔の人々の姿を想像することができるでしょう。

阿弥陀や大日如来仏の周囲を回る行道という礼拝は、今も各地で行われています。ほかにも、東大寺二月堂を火を掲げて回る祭事(お水取り)、堂内の二重らせんの斜路を巡る栄螺堂、お堂周囲を百度参りする京都の釘抜地蔵などがあります。

回るという行為には、円の内側を聖、外側を俗と見なす考え方があります。何度も回れば、聖域の力が強まり、神や仏を呼び込めるということでしょう。回る礼拝が少なくなったのは、平安時代以降のこと。**正方形に近かった堂宇(お堂)が扁平化し、庇が設けられたことで、正面からの礼拝が圧倒的に多くなったのです。**

これだけある回る礼拝

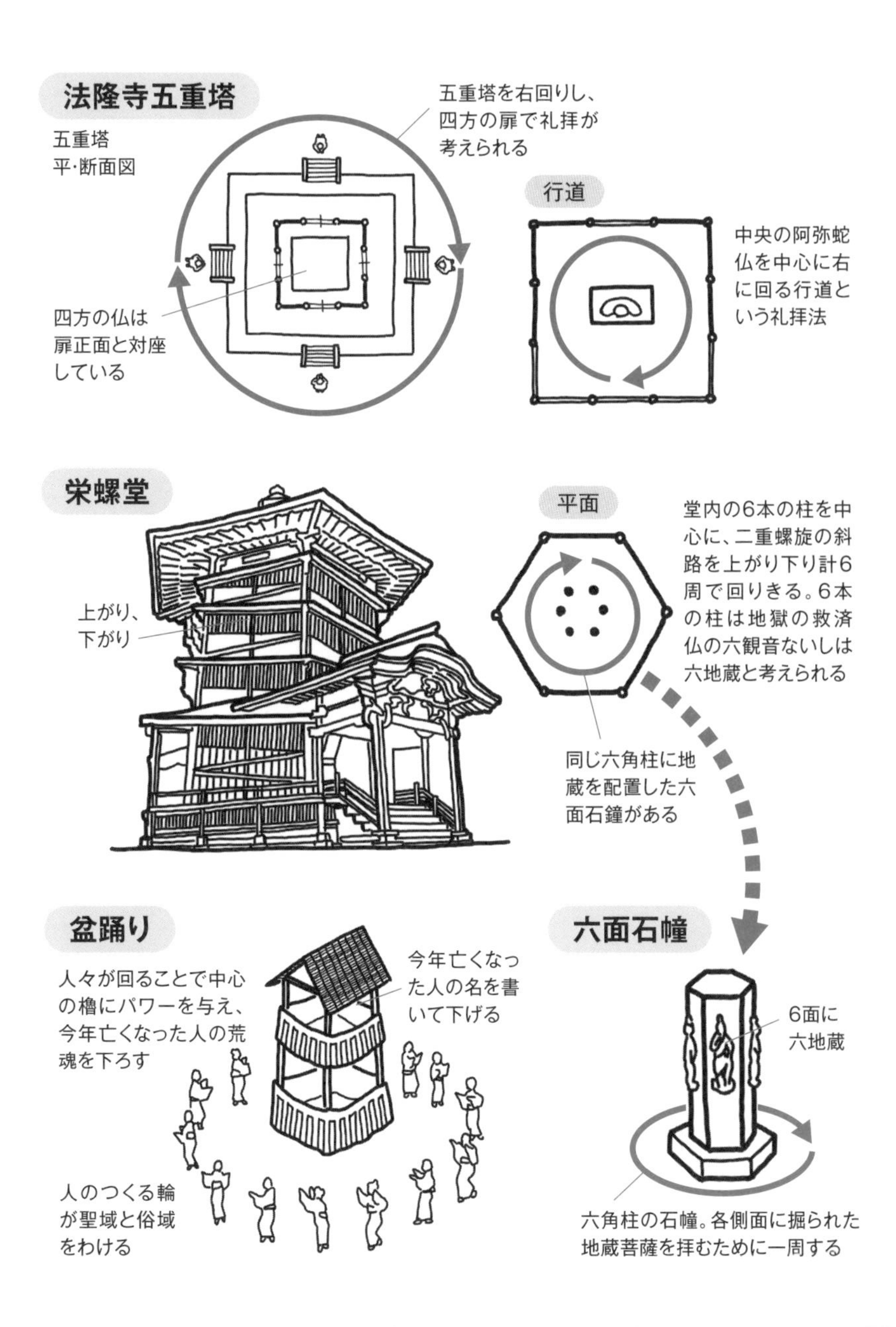
法隆寺五重塔
五重塔
平・断面図
五重塔を右回りし、
四方の扉で礼拝が
考えられる
四方の仏は
扉正面と対座
している
行道
中央の阿弥蛇
仏を中心に右
に回る行道と
いう礼拝法
栄螺堂
上がり、
下がり
平面
堂内の6本の柱を中
心に、二重螺旋の斜
路を上がり下り計6
周で回りきる。6本
の柱は地獄の救済
仏の六観音ないしは
六地蔵と考えられる
同じ六角柱に地
蔵を配置した六
面石鐘がある
盆踊り
人々が回ることで中心
の櫓にパワーを与え、
今年亡くなった人の荒
魂を下ろす
今年亡くなっ
た人の名を書
いて下げる
人のつくる輪
が聖域と俗域
をわける
六面石幢
6面に
六地蔵
六角柱の石幢。各側面に掘られた
地蔵菩薩を拝むために一周する

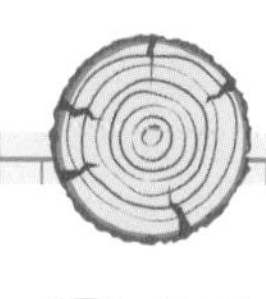

35 神社の形式は庇の位置と数で決まる

庇のつく位置で平入り系と妻入り系にわかれる

古来、日本の神々は八百万でした。山や石、樹木や滝など、神はあらゆる自然に宿ると考え、それ自体を御神体と見なしてきたのです。

社殿ができたのは、仏教伝来後のこと。仏殿に対抗し、つくられるようになりました。

社殿のもっとも古い形式は伊勢神宮（大和朝廷が祭った天津神）と出雲大社（地方豪族が祭った国津神）の二つです。どちらの社殿も屋根は切妻ですが、拝む方向が異なります。三角形側（妻側）から拝むのが出雲大社で、この形式を大社造と呼びます。これに対して伊勢神宮は平側から拝み、神明造と呼ばれます。**全国各地の社殿は、この二つの神社形式を基本に、庇を付け加えることで生まれました。**

たとえば大社造の妻側拝観部分に1枚の庇を付けると**春日造（春日大社）**、神明造の平側に庇を設けると**流造（下鴨神社、上賀茂神社）**になります。平側の両サイドに庇を付けたものが**両流造（厳島神社）**で、平側に1枚、妻側両サイドに1枚ずつ計3枚の庇を付けたものは**日吉造（日吉大社）**といいます。

なぜ庇を付けたのでしょう。それは社殿の内部は神様だけの専有空間だったからです。建物の外に庇を設け、そこから拝観するという形にしたのは、神と人間との関係を内部と外部ではっきり分ける工夫だったといえるでしょう。日吉神社のように庇の数が多い社殿の場合、参拝者は本殿のなかに入ったような気持ちになるかもしれません。

しかし、そこはあくまでも庇の間という外部であり、本屋根下の内部ではありません。**神社では、本屋根下（母屋）を内陣、庇の間を外陣と呼び、明確に区別しています。**

拝む方向と庇の数で神社のつくりがわかる

平入り系

切妻+庇0枚（神明造）

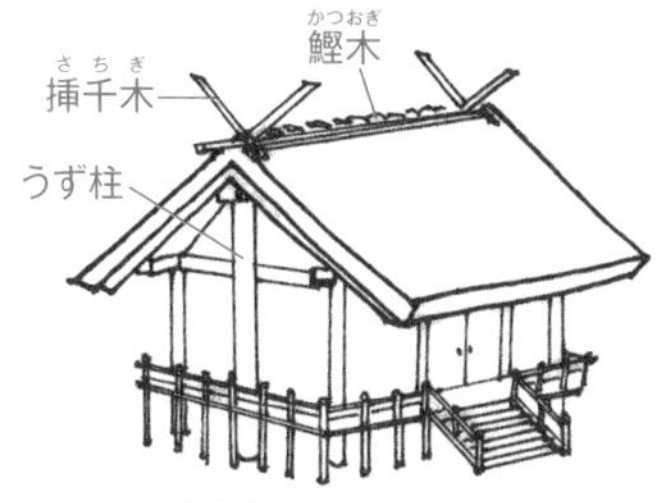

天照大神を祭る社殿に多い形式。
平側から礼拝する（三重県・伊勢神宮）

切妻+庇1枚（流れ造）

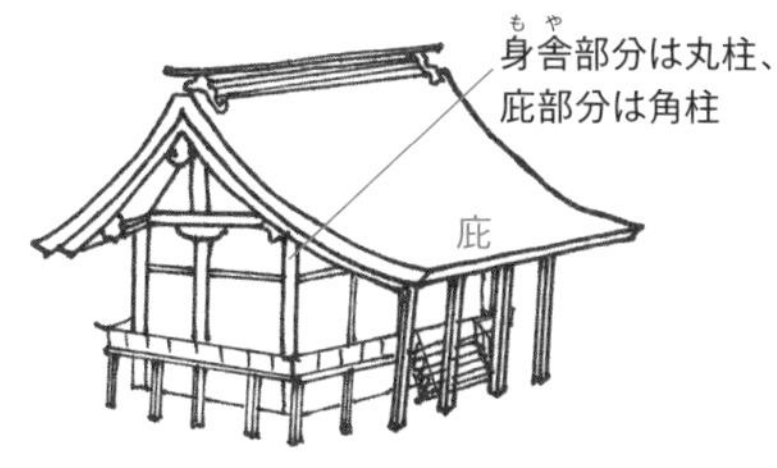

平側を屋根の一方に庇をのばして
向拝にする（京都・上賀茂神社）

切妻+庇2枚（両流れ造）

屋根の両側に庇をのばし、片方が
向拝になる（広島県・厳島神社）

妻入り系

切妻+庇0枚（大社造）

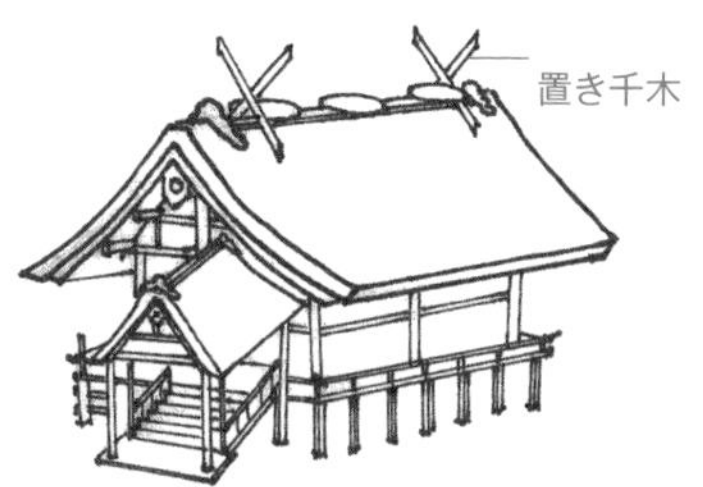

出雲地方に多い。妻側からの礼拝
（島根県・出雲大社）

切妻+庇1枚（春日造）

妻側に庇を付け屋根と一体化した
向拝（奈良県・春日大社）

切妻+庇3枚（日吉造）

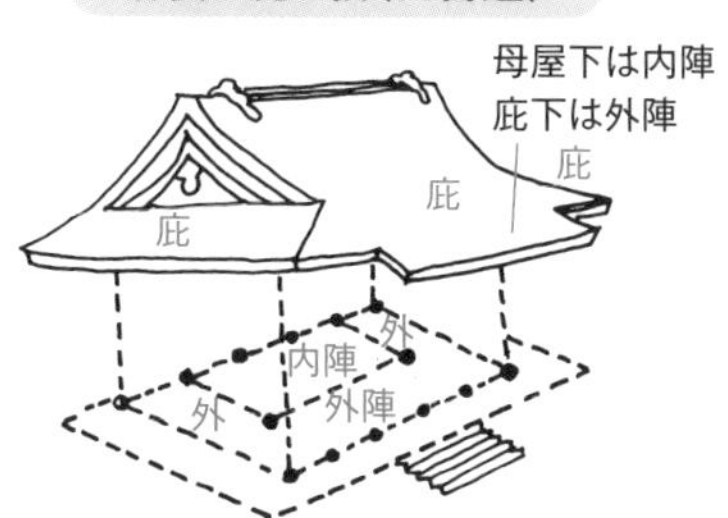

三方に庇をのばし平側から礼拝
（滋賀県・日吉大社）

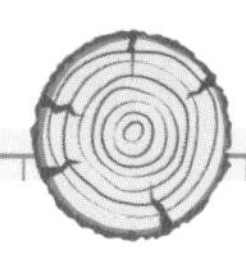

36 神社の向く方角には意味がある

神様は南に向いているだけではない

神社に鎮座する神様はどの方角を向いていると思いますか？　いちばん多いのは南ですが、そればかりではありません。**実は神様によって方角の好き嫌いがあるのです**。

まず神様がどこにいるのか確認しておきましょう。神社の境内には色々な施設がありますが、基本は鳥居、拝殿、本殿です。

入口を示す鳥居、柏手を打つ拝殿に神様がいるわけではありません。その背後にある比較的小さな社が、神様が鎮座する本殿です。神様は常にそこにいるとする考え方もありますが、祭事のときだけ降りてくるともいわれています。本殿がどの方角を向いているか見てみましょう。

南を向く本殿は、もっともポピュラーです。この場合、人々は北に向かって参拝することになります。天空を動くことのない北極星は、天に居る神々の座に相応しいといえるでしょう。

東を向く本殿には、よく太陽神が祭られます。朝一番の光が参道を抜けて本殿の鏡を照らすことで、太陽神が仮の姿として現れるというもので、古い神社に多いようです。

西を向くのは、住吉大社とその分社が該当します。住吉大社の祭神は、三韓遠征の神話に出てくる神功皇后と海の三神です。そのため、西の方角に位置する朝鮮半島を向いています。

北を向く本殿は、北極星を祭る神社の特徴です。北の守護神である妙見（みょうけん）が北極星を仰ぎ見るという配置が見られます。もし境内や周辺に7に関する伝説があったり、祠（ほこら）が柄杓形に点在していたら、妙見（みょうけん）を祭る神社です。

このように本殿の向きと、祭られている神様の関係に注目するのも楽しいものです。

社殿の向きを東西南北で見てみると

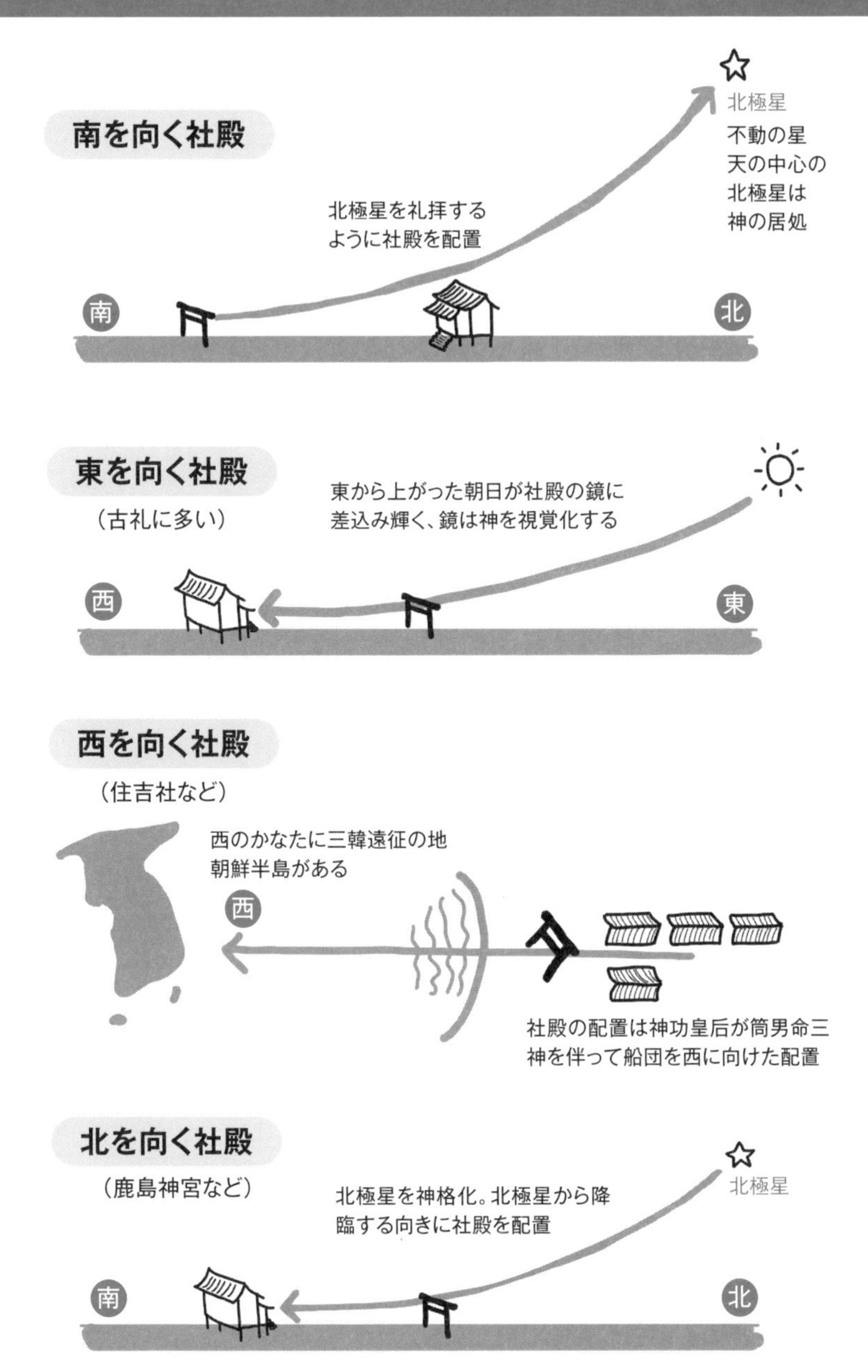

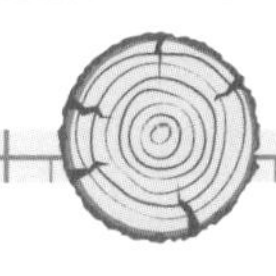

37 しめ縄と鳥居からのメッセージ

鳥居には二つの形式がある

神社と寺院の違いはいくつもありますが、その一つはしめ縄と鳥居です。**しめ縄は蛇の交尾を表したものです**。脱皮を繰り返して成長する蛇は再生と永遠の生を象徴する、神に近い存在と崇められてきました。

しめ縄や垂串に垂らされている白い紙（布）は御幣といい、鷺のような白い鳥を象徴しています。

天空を自在に飛ぶ鳥は神の言葉を届けるメッセンジャーであり、ここが神域だと示しているのです。蛇と鳥には、境内を邪悪なもの（邪鬼）から守る役割がありました。蛇は邪鬼を威嚇し、鳥は鳴き声や羽音で危険を知らせます。

鳥居はその名のとおり、神域を示す鳥の止まり木を象徴しています。つまり、しめ縄と鳥居は、聖域と俗域を区別する結界であり、同時に聖域への入口でもあるのです。

鳥居は、本殿に近いほど小さくなります。理由は諸説ありますが、本殿に近くなるにつれて小さくなるのは、より濃密で、限られた聖域を示していると考えればいいでしょう。

鳥居の形にも違いがあります。古来から二つの系統があり、**一つは直線的でシンプルな柱と横木で構成された神明系、もう一つは柱を少し内側に傾斜（転び）させ、横木に反りを持たせた曲線的な明神系**です。

この2形式を基本に、さまざまなバリエーションが登場します。たとえば神明系は黒木鳥居、鹿島鳥居、伊勢鳥居、陵墓鳥居など、明神系からは住吉鳥居、春日鳥居、稲荷鳥居、三輪鳥居などがうまれました。素朴な神明系鳥居の方が古いと思われがちですが、これは単に系統の違いにすぎません。また神明鳥居のある神社が必ず天照大神を祀っているとも限りません。

第4章

城と庭が育んだ日本の美意識

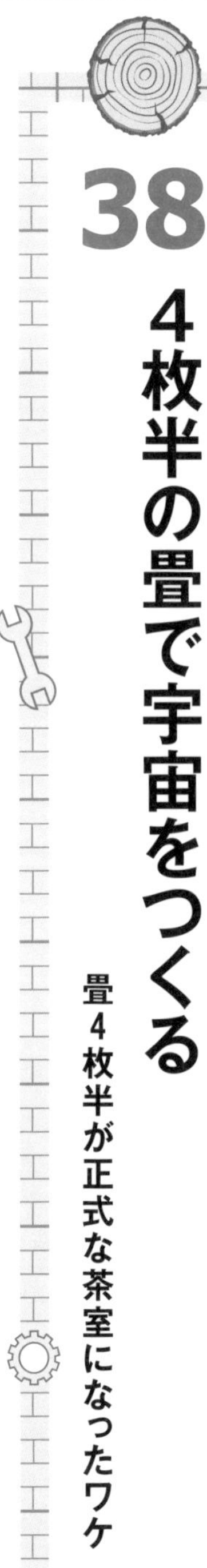

38 4枚半の畳で宇宙をつくる

畳4枚半が正式な茶室になったワケ

お茶を飲むという行為は、葉のエキスと湧き水を体内に入れる、いわば「自然を飲む」ことだといえます。**そのための空間である茶室が、山里にある簡素な庵を意識してつくられたのも当然だといえるでしょう。**

茅葺きや板葺きの屋根をつかい、茶室に向かう露地に飛び石、湧き水をイメージした蹲踞（背の低い手水鉢）を置くのも、すべて山里のイメージです。**庵の広さは方丈、つまり1丈**（10尺＝約3m）**四方です。畳を敷くとほぼ4畳半になります。**千利休登場以前にはもっと広い茶室もあり、茶道具や名物（格の高い道具）を飾ることがよくありました。

ところが4畳半は人の距離が緊密になり、ムダな飾り物を置くスペースはうまれません。お茶を点てて客人に振る舞う点前に集中できる広さなのです。これが、千利休が目指した侘茶でした。

茶室の4畳半には、光の工夫も施されています。両開きの大きな障子戸から入る光は、室内全体を均一な明るさに照らしますが、山里にある庵は薄暗いものです。**そこで2枚引の障子戸をやめ、60センチ四方の板戸のにじり口にして、光をさえぎりました。**窓は土壁に小さく開け、光がスポットライトのように差し込むようにしたのです。

室内には明所と暗所のコントラストがうまれ、床の間を照らしたり、手元を明るくしたりといった舞台のような演出が可能になっています。

利休の時代、茶人の中心は都に住む町衆たちでした。茶道は、都市にいながらにして、山里の空間を楽しむことでもあったのです。

4畳半の茶室はそのためにつくられた「市中の山居」だといえるでしょう。

山里のなかで命を頂くのが茶の作法

市中の山居

樹木におおわれた山里の森を演出
茅葺の小屋は農家の住まいを模したもの
露地の飛石は山道の風情を出している

蹲踞は山からの湧き水をイメージしている。
茶室・茶庭は、山里に暮す庵の風景を模したものである

利休の4畳半

4畳半で客5人亭主1人が原則。飾りはトコだけの狭さ。茶室への集中にはこの狭さが最適

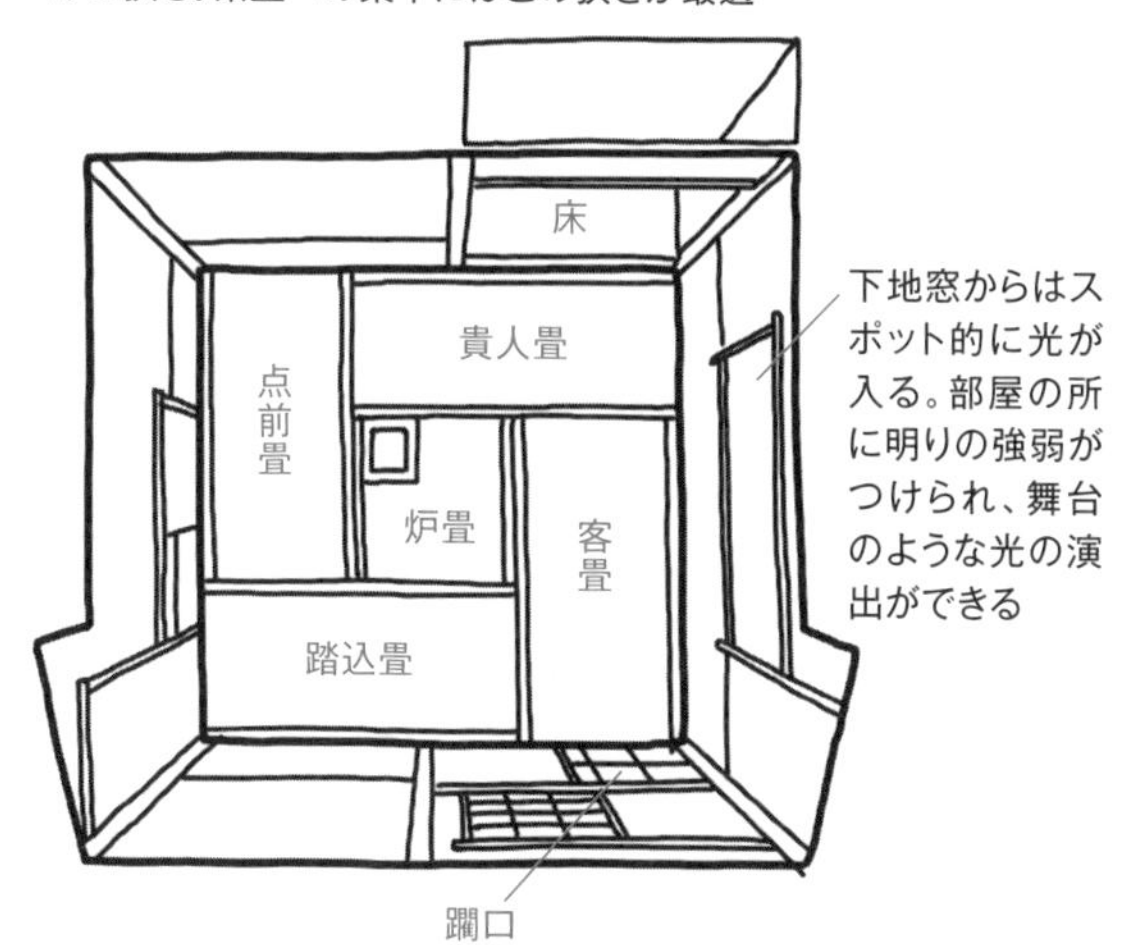

下地窓からはスポット的に光が入る。部屋の所に明りの強弱がつけられ、舞台のような光の演出ができる

躙口
60cm四方の入口。かがみ込んで入る。その姿勢は胎児。茶室は母体であり、うまれかわりの装置といえる

利休以前の紹鷗の茶室

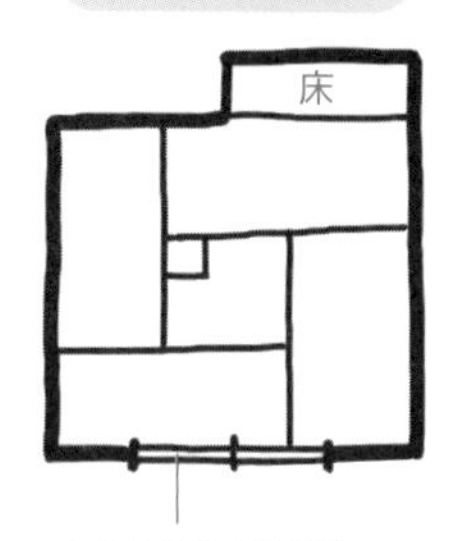

大きな引戸が2枚。一方からのみ入る光は室内全体を均一の明るさにする

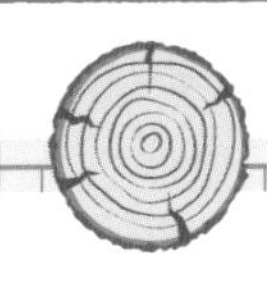

39 回って遊ぶ庭って、どういう庭？

回遊式庭園という形式とその楽しみ方

回遊式庭園（かいゆうしきていえん）は、室町時代から江戸時代にかけてつくられた日本庭園の形式です。

多くは、中央に池があり、その周囲に小庭が並ぶ構成になっています。園内を歩いてみると、視界に新しい小庭が次々と現れ、やがてテーマがあることに気づくはずです。

回遊式庭園は、東海道五十三次（**熊本・水前寺成趣園**）**や、和歌山の名所である和歌の浦八十八境**（**東京・六義園**）**といった全国の景勝を模しているのです。**

小庭には、富士山や三保の松原、箱根の関所といった名所旧跡がそれぞれ配置されています。その一景一景を経由することで、全体を貫くテーマが見えてくるという趣向です。いわば絵巻物を庭園化したものであり、紙芝居の構成にも似ています。これは、座敷に座って眺める従来の庭とはまったく異なるものです。

歩き、巡ることで、旅をしているかのような楽しみ方ができる。これが回遊の「回」のゆえんです。

回遊式庭園を鑑賞するには、知識と教養も必要です。池辺に横たわる立派な松を「きれいだな」とほめるだけでは解したことにはなりません。池を海に見立て、万葉集の「庵原（いおはら）の清見の崎の三保の浦ゆゆたけき見つつもの思ひもなし」という和歌や、能舞台にもなっている「羽衣（はごろも）」の伝説を思い起こす。**そうした教養（きょうよう）を楽しむのが回遊の「遊」のゆえんなのです。**

浄土式庭園（平等院など）も歩く庭ですが、信仰目的なので、回遊式庭園とは呼びません。江戸期の庶民は、七福神や三十三ヶ所観音巡りをレジャーのように楽しんでいました。

回遊式庭園はそうした文化がうんだ庭なのです。

回遊式庭園はテーマを持っている

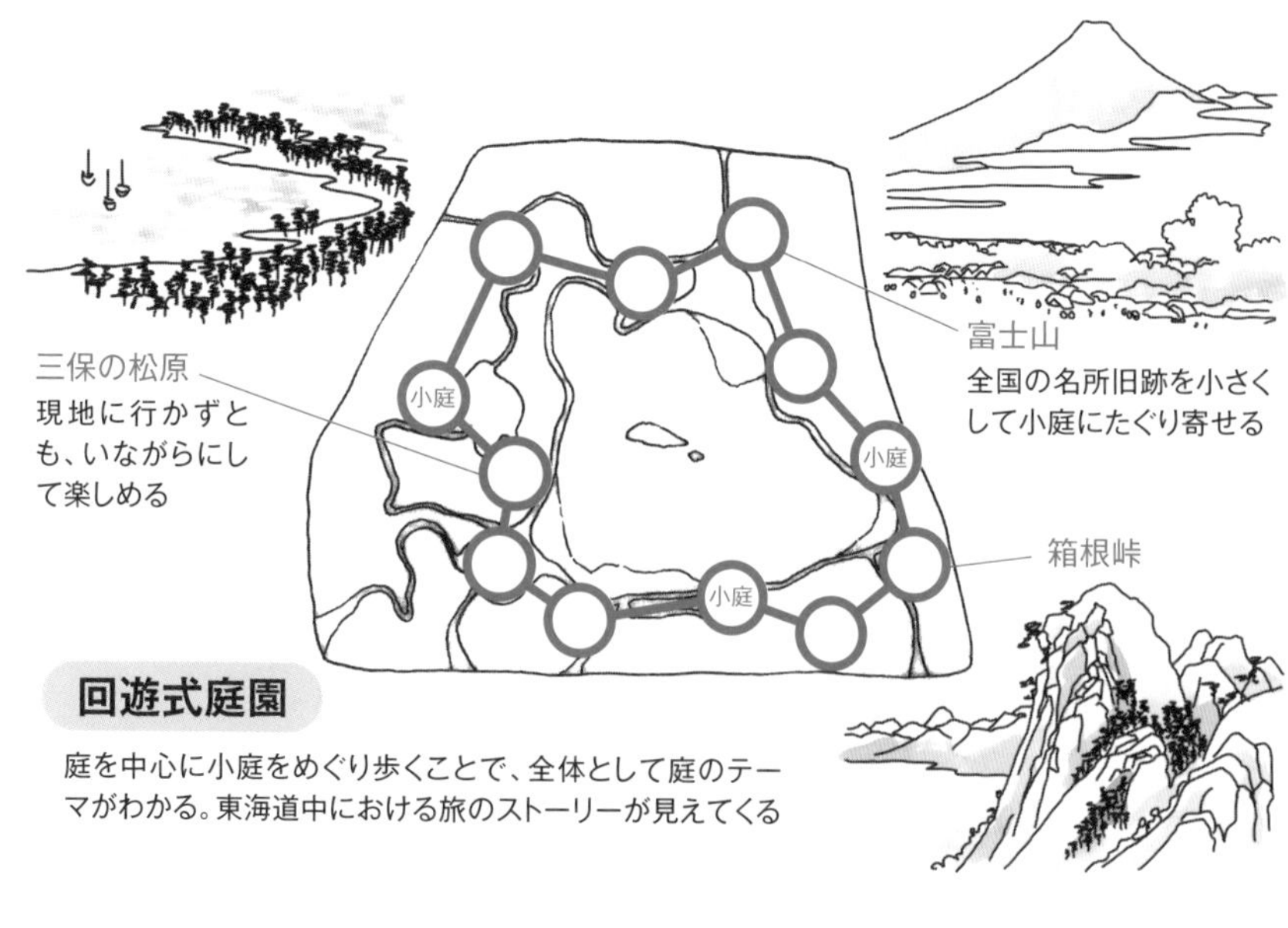

三保の松原
現地に行かずとも、いながらにして楽しめる
富士山
全国の名所旧跡を小さくして小庭にたぐり寄せる
小庭
小庭
小庭
箱根峠

回遊式庭園

庭を中心に小庭をめぐり歩くことで、全体として庭のテーマがわかる。東海道中における旅のストーリーが見えてくる

一本の枝振りのよい松を鑑賞するだけでなく、池を海に、砂地を浜に見立てたとき、和歌にうたわれた三保松原が頭に浮かぶ

鳥獣戯画絵巻

一景一景を経由する絵巻は回遊式庭園と同じ構成。ストーリー性が読みとれるのも同じ

40 庇を貸して母屋を取られるのが借景の姿

主役は庭ではない、外の景色が主人公

借景（しゃっけい）とは字のとおり、外部の景観を借りて庭をつくる造園法です。本来、外の景色は庭を演出する引き立て役のはずですが、そちらが主役になって、庭の方が脇役になってしまうことがあります。

たとえば富士山を借景に取り入れたら、その庭の主人公は富士山に移ってしまうでしょう。**実は、この逆転を楽しむのが借景の庭を見る基本なのです。**

京都の借景には比叡山（ひえいざん）がよく登場します。関東における富士山と同じように、なだらかに広がる裾野の形が好まれたからでしょう。

代表的なのが正伝寺と円通寺の庭です。おもしろいのは、どちらも同じ比叡山を借景にしているのに、その見せ方が正反対なところです。

正伝寺は引き離して山を遠くに見せている借景です。枯山水（かれさんすい）の白い砂地に、サツキの刈り込み越しに比叡山が見えます。灰色の石よりも、ふっくらとしたサツキの方が大きく見え、その分、比叡山は小さく、遠くにあるように見えるのです。

一方、円通寺の庭は近づけて大きく見せようとしています。石は立てずに低く伏せて置かれており、添えられた灌木（かんぼく）も低く刈り込まれているのがわかるでしょう。

このように低く仕掛けることで、比叡山を大きく見せる効果が発揮されるのです。低く横にたなびく石の流れも、比叡山の特徴である裾野の広がりを引き立てています。コントラストの妙といえるでしょう。

このように、主役の借景をどう見せるかは脇役としての庭のつくり方で決まります。富士山や比叡山ではなく、こうした脇役に注意を向けると、新しい発見に出会えるはずです。

主役の比叡山を比べてみよう

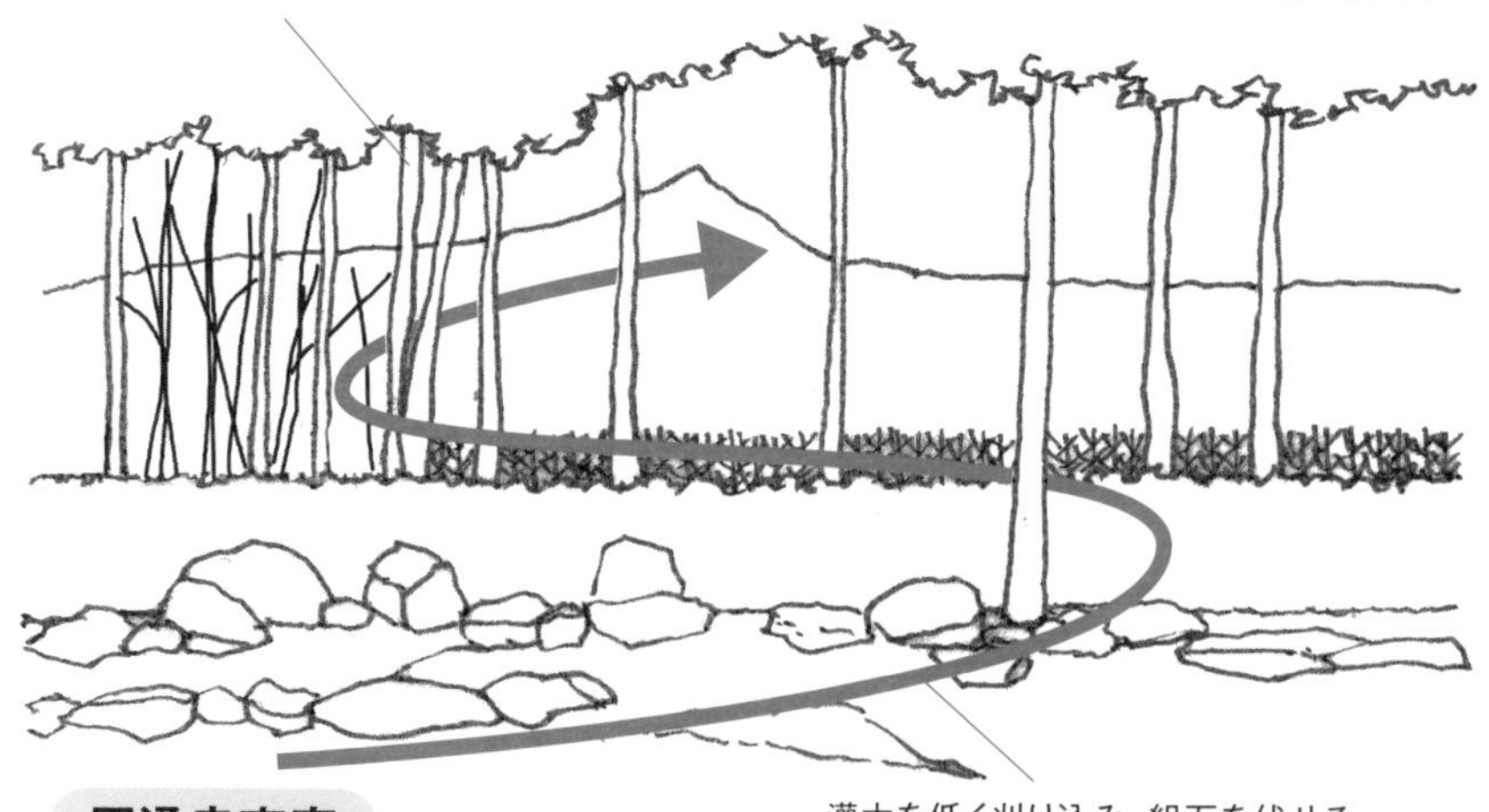

円通寺東庭

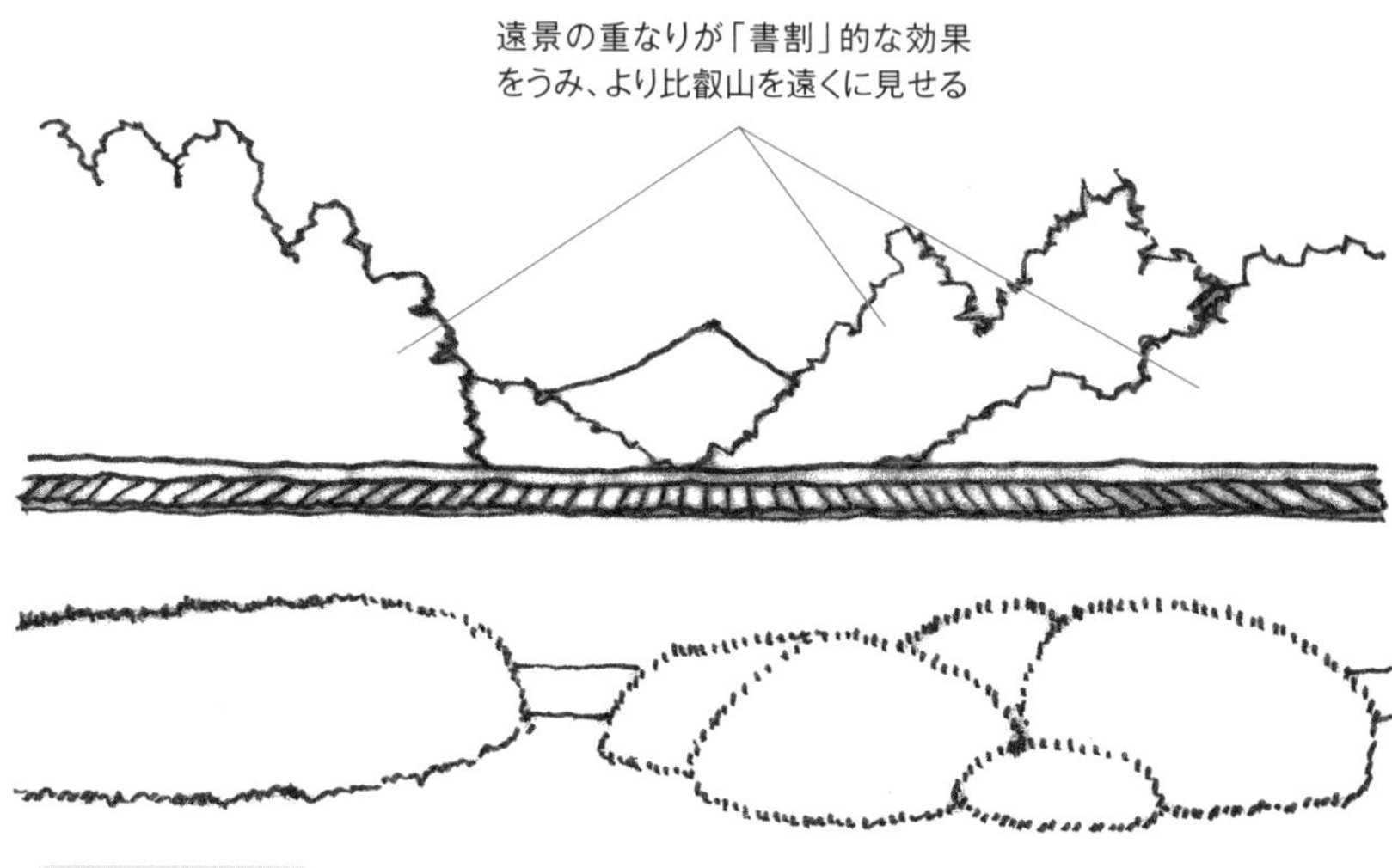

正伝寺東庭

サツキのふっくらした刈り込みは大きく見える。相対的に比叡山は小さく見え、灰色の組石より緑は膨張色で、さらに効果的

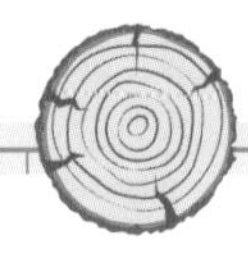

41 小さく縮めるのが好きな日本人

小さくすると見えてくる驚きの哲学

米粒に文字を書いたり、割りばしの先を刻んで仏像をつくったり、日本には昔から小さなものにこだわる文化があります。今や世界中に愛好家を持つ盆栽もその一つでしょう。

盆栽はただ小さな樹木を鉢に植え直したものではありません。100年、200年という年月をかけて小さな大木を育くみ続け、その表現された世界を想像し、鑑賞する文化なのです。

盆栽は、庭園を縮めた坪庭（住宅敷地内の小さな庭）を、さらに小さくしたものともいえます。

池泉の風景を縁側のそばで表現する枯山水、それをさらに極限まで縮小した盆石にも似ています。ポータブルな盆栽は庭とは違い、個人で楽しんだり、売買することが可能になり、商品的価値も高まりました。

盆栽の価値は小ささだけはありません。**素晴らしい盆栽は、見た目の見事さに加え、その向こうに想像力をかきたてる豊かさがあります**。池泉庭園の池に大海を想像し、浮かぶ小島に極楽浄土を思うのと同じ構図です。

ですから、松の荒れた肌を木質部まで削ぎ落とした大胆な姿の向こうには、断崖の風雪に耐えた自然の風景が見えるはずです。

十数本もの寄せ植えからは、豊かな森がイメージされます。重く垂れた枝ぶりは、川辺の水面から反射する光を求めて成長する風景を思い起こさせます。これこそが盆栽が表現するものなのです。

考えてみれば、神輿や神棚は神社の縮小版ですし、寺院を縮めたものが仏壇です。ほかにも五七五の17文字だけで四季の時間と空間を詠む俳句や「一寸法師」の昔話など、私たちのまわりには、今も小さく縮めた豊かなものがあふれています。

庭をポータブルにした盆栽とその奥深さ

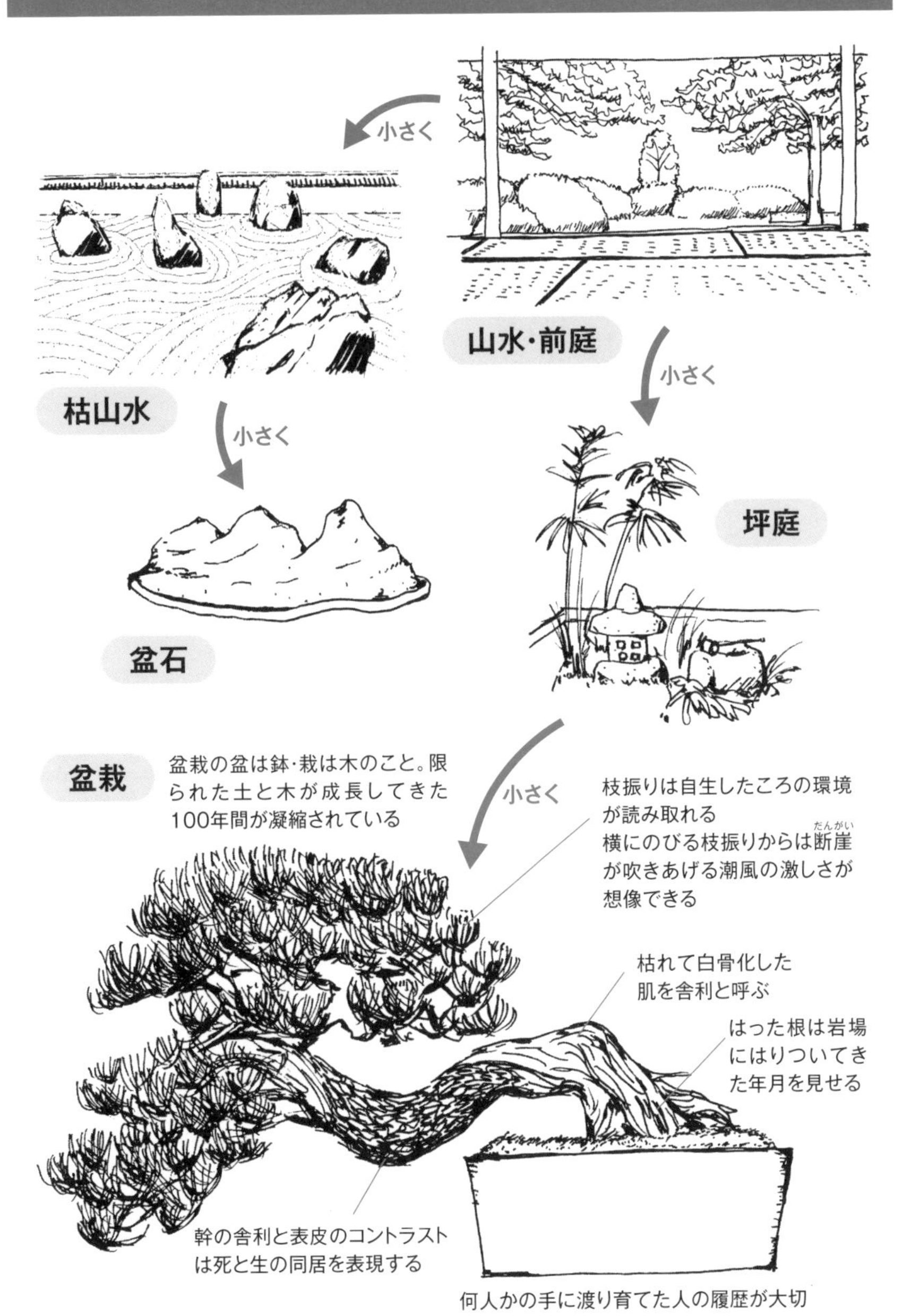

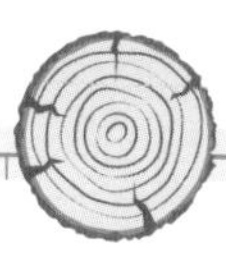

42 農家の庭には知恵が詰まっている

農家の庭木は植えた場所で樹種が違う

農家といえば、庭にこんもり茂る木々をイメージする人は多いでしょう。今も郊外に行けばこうした庭を見つけることができます。木に囲まれているのに、敷地内は意外なほど明るく、そして夏は涼しく、冬は日が差し、さほど寒くはありません。**農家の庭には、日本の四季を過ごす知恵が詰まっているからです**。

農家の庭に植えられた木々には役割があります。シラカシ（白樫）は照葉樹（しょうようじゅ）なので常緑で、葉に照りがあります。庭の北から西へL字形に列植すると、**冬、風を防ぐと同時に、照りのある葉が太陽光を反射し、北側の部屋を明るくするのです**。

さらに硬い枝はクワやスキなどの農具の柄にもなります。

ケヤキ（欅）はローム層の土壌だと早く育ち、大木になります。そのため関東でよく植えられました。**大木なので、東や南に植えれば夏の日差しをさえぎります。熱い風も、木陰を通れば2、3度下がるようです**。落葉樹なので、冬の日差しは問題ありません。

母屋の裏は、よく竹が植えられました。竹はカゴや柄杓、竹ボウキの材料になります。土壁の下地骨（木舞（こまい））、茅葺（かやぶ）き屋根の下地の桟（さん）も多くは竹でしたから、生活用具も住まいも自家製でまかなう上でも必需品だったのです。

成長の早い竹があれば、木々を必要以上に伐採せずにすみますし、土に埋めた食物屑を素早く分解するという利点もありました。

農家ではシソ、山椒（さんしょう）などの薬味、梅や柿といった果実も育てており、地産地消（ちさんちしょう）ならぬ、家産家消（かさんいえしょう）を実現したのです。このスタイルは庭を持つ個人宅に今も受け継がれています。

さまざまに工夫された農家のつくり

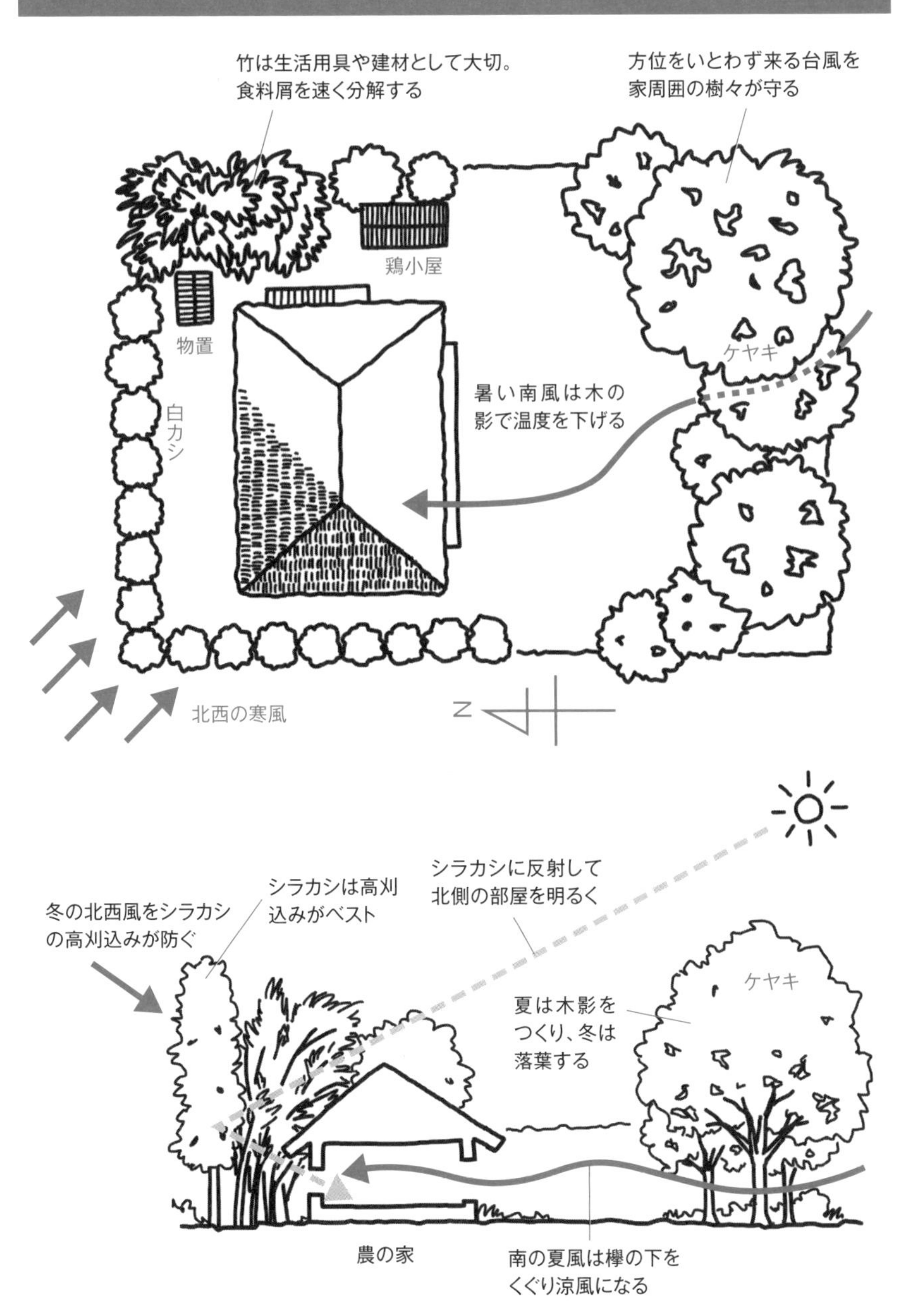

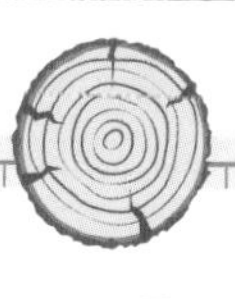

43 城はなぜ山から平地に降りたのか？

兵器の高度化と経済政策が城の形をかえた

お城は建てられた地形から三つに分類することができます。戦国時代の山城（やまじろ）、そして桃山時代以降につくられた平山城（ひらやまじろ）と平城（ひらじろ）です。

名前からわかるように、**山城は急峻（きゅうしゅん）な山の頂き、平山城は平地に近い尾根の先端、平城は平地に築かれたお城をそれぞれ指します**。

防御という点から見ると、四方を谷に囲まれた山城は天然の要塞です。平山城は三方を谷に守られていますが一方は尾根伝いでの攻防が避けられません。平城は四方すべての攻撃に備えなければなりません。では、なぜ城は条件のよい山から平地へと降りてきたのでしょうか。

その最大の理由は経済でした。戦いにはお金がかかります。多数の兵を維持する以上に大変なのは兵器です。**槍（やり）、弓矢の戦いかたをかえ、鉄砲や火薬を主力とした織田信長は、多額の出費をまかなうために楽市・楽座を興しました。商工人を集めて産業を興す経済政策です**。

彼らの自由で安全な商売を保障するために、城と城下町は近づける必要がありました。これが城を平山や平地に築いた動機の一つです。

そして兵器の近代化は、城の形もかえます。土の山は大量の火薬で崩れますし、小さな堀切や木柵は、銃弾が簡単に飛び越えてしまうからです。

こうして、石垣と、厚い土壁、そして銃弾の飛距離を考慮した広い水堀が生まれました。この三つを備えたことで、平山や平地に城を築くことが可能になったのです。

このように、兵器の変化は城のつくり方を根本的にかえました。その両方を左右したのはお金です。封建制度といえども、経済を制した者が天下をおさめたといえます。

城の三態を見比べてみる

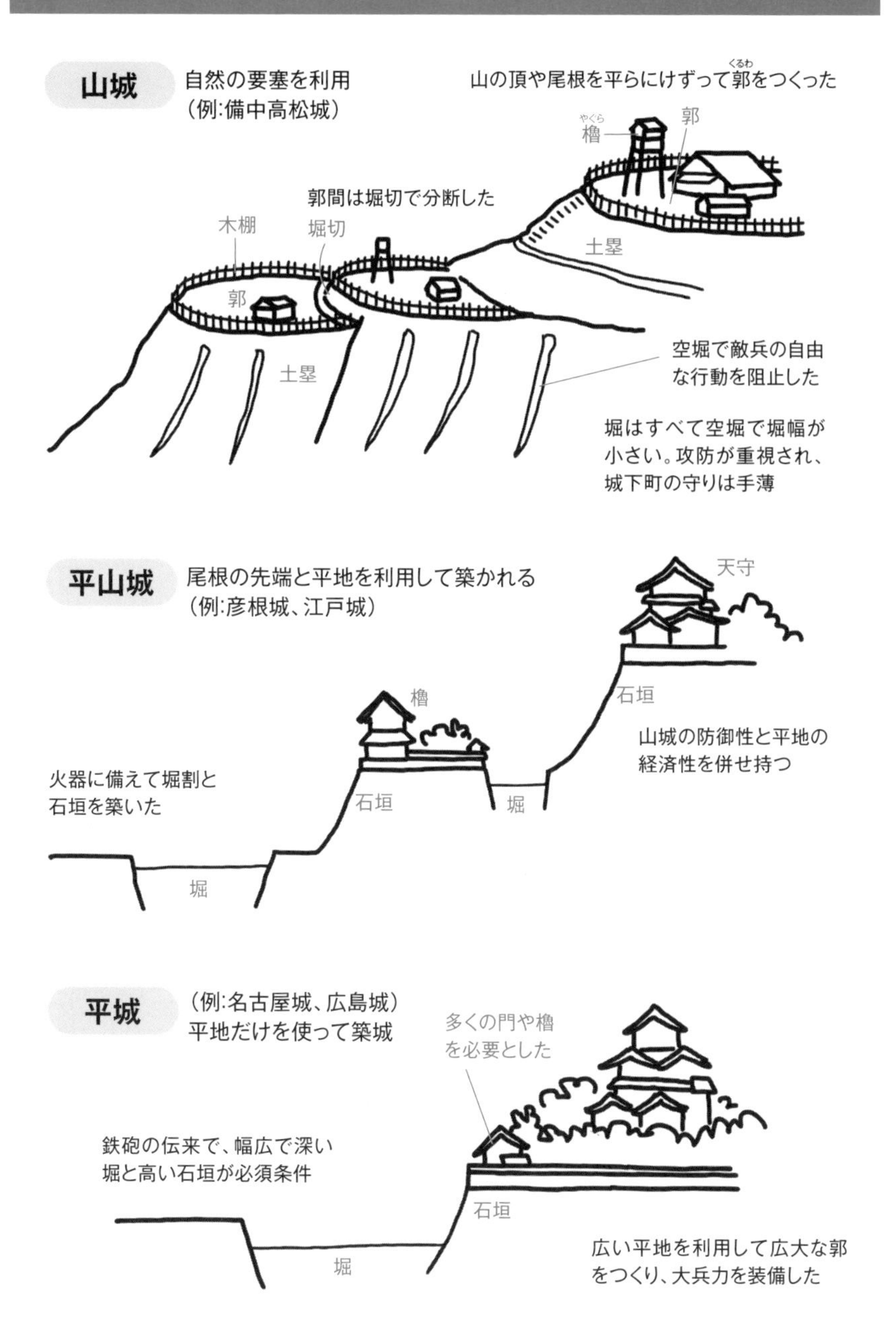

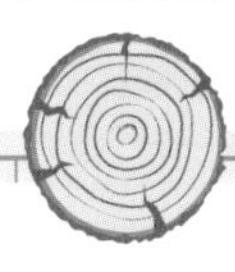

44 城の守りは門で決まる

お濠を利用する枡形門は守りの要、どんな防御法があるのか

城の役割は敵の攻撃を防御することです。その要となるのは門でした。出撃の場であるということは、当然、敵に侵入されやすいところでもあるからです。**この戦いの最前線をもっとも厳重にした形態が、濠を利用した枡形門でした。**

枡のように囲まれた四角形の大きさから、そこに侵入している敵兵の概数をすぐに計れます。そこからこの名が付けられました。

四方の石垣のうち、図のように直交する二方向を二つの門とするのが枡形門の基本です。外側を高麗門、内側は櫓門と呼びます。外から来る敵は、高麗門を突破してから必ず右折して櫓門に向かうことになり、隊列が乱れ、速度が落ちるのです。

土塀の上部には狭間と呼ばれるすり鉢状の穴が一間ほどの間隔で開けられていました。

これは侵入者に矢や鉄砲を放つ穴で、すり鉢の狭角側に撃ち手がおり、敵を狙いやすく、同時に安全になる工夫が施されています。

ここで重要なのが、侵入する敵兵を右折させることです。すると櫓門内で守る味方の兵から見て、左手側から敵が侵攻する形になるので、狙いを定めやすくなります。また敵は右の利き腕をさらす格好になるのも利点です。**櫓門近くまで寄られた場合には、上階の床板を開き、石や矢で攻撃する石落としという仕掛けもありました。**

江戸城のプランニング（縄張り）に参与した城づくりの名将・藤堂高虎は枡形門を好んだそうです。実際、江戸城本丸に至るまでには大手門、三の門、中之門、中雀門と多重の枡形門があり、枡の空間をだんだん小さくするという完璧な守りが施されています。難攻不落の城とは、枡形門の優劣次第だといえるでしょう。

蟻地獄のような枡形門は、どんな仕組みなのか

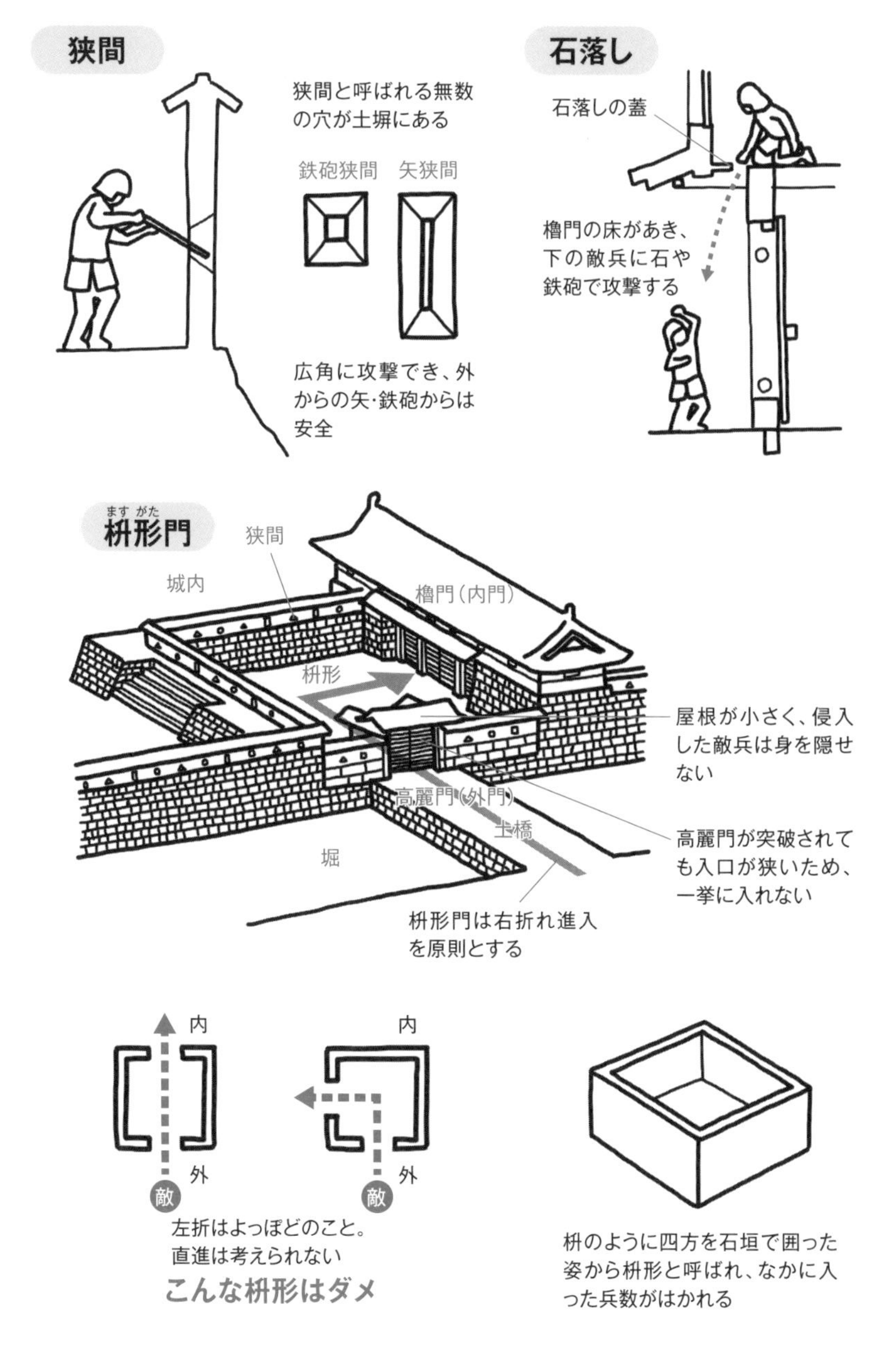

45 城は家相を考えて築かれた

戦いの場だからこそあの手この手

家相は、土地や家の間取りによって住む人の運気や吉凶を占い、判断の助けとするものです。住宅だけでなく、お城でもその原理はまったく同じ。むしろ生死をかけた戦いの場であるお城だからこそ、運を味方につけようと配慮するのは当然のことでした。

家相術には、凶方軸と吉方軸はたすき掛けに存在するという考えかたがあります。一般的には、本丸を中心として北東（丑寅）から南西（未申）にかけてが凶方軸となり、南東（辰巳）から北西（戌亥）に抜けるのが吉方軸です。

鬼は角を好むといわれていたところから、凶方軸である北東の隅を鬼門、反対の南西の隅を裏鬼門とする習慣がうまれました。石垣を積むとき、北東の出隅（凸になっている角）を入隅（凹になっている角）にすると、鬼はUターンして入り込めないとされたのです。**また、鬼は猿を嫌うともされたので、猿田彦神社を祭る城もありました。**

京都御所と比叡山を結ぶ東北軸には、鬼門封じの猿ヶ辻、幸神社、赤山禅院が配置されています。いずれも祭るのは猿です。吉をもたらす気は吉方軸である南東から吹き込まれるので、城門は南東に設置されます。そして、そのよい気が逃げないよう、反対の北西に蔵や櫓を築いたのです。

江戸城を見れば一目瞭然です。北東の石垣は入隅、南東には大手門、北西には大櫓の天守閣がそびえていました。門の石垣に大きな鏡石を積んでいるのは、門から強引に侵入する邪気をはね返すためのもの。

家相を見ることで、武術に長け、心身を鍛えた屈強な武士も、その内心はおだやかではなかったことがわかります。

城の家相を考えてみよう

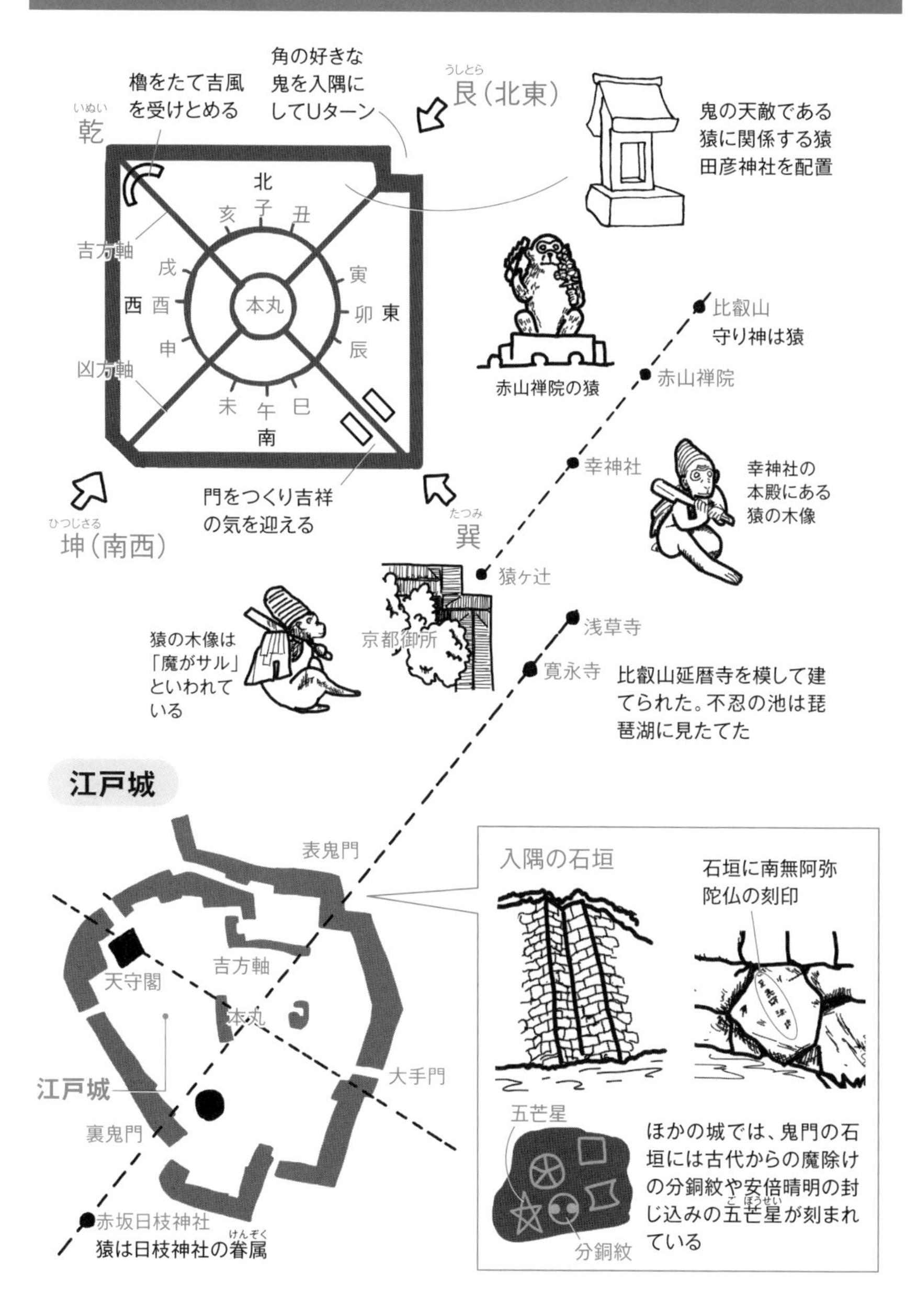

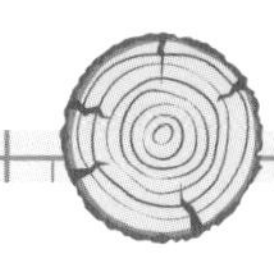

46 遷都の場所はどうやって決めたのか

都の選地は四神相応という占いが重視された

日本各地の古都には共通点があるのをご存知ですか？　いずれも川があり、街道がとおり、背景に山がそびえているのです。

実はこれは偶然ではありません。こうした風景は、占いの条件に合致しているのです。都の場所を決めるときには、占いが大きく関わっていました。

とくに重視されたのが四神相応（しじんそうおう）という占いでした。都は、四方に住む聖獣が守護してくれる地に置くのがよいという考え方です。条件は、それぞれの聖獣が生息しやすい環境でした。

東の方角に住む青龍（せいりゅう）は水を好みます。青龍に守ってもらうには、大きな川が必要でした。南の朱雀（すざく）（赤い鳥）は沢のほとりにある湿地に生息し、西の白虎（びゃっこ）は大きな道、北の玄武（げんぶ）（蛇の頭を持つ黒い亀）は山に潜みます。

東に川、南に湿地、西に街道、北に山が備わった地形が都に相応しい吉祥の地というわけです。

京都を例に挙げると、東に鴨川、西からは山陰道が近づき、南には昔、巨椋池（おぐらいけ）がありました。北は船岡山で、四神相応に叶った地といえます。

そのほか、奈良、鎌倉、江戸をはじめ、小京都と呼ばれる各地の城下町や商都の多くがこの条件を満たしているのです。

平安貴族の寝殿造も、寝殿の東に遣水（やりみず）を流し、南の池に導いていました。西の門は大路に接し、北に山はありませんが、対の屋根がそのかわりと考えれば、これも四神相応です。

考えてみると、北の丘から南の湿地にかけての斜面は、北風が吹かず、日当たりもよく、水はけ良好な地です。その上、交通の便もよければ最高なのは当たり前といえます。**四神相応は、自然と人の調和を心得た環境学だったのです。**

都にある川、山、道、沼は占いの根拠である

四神相応と京都の地形

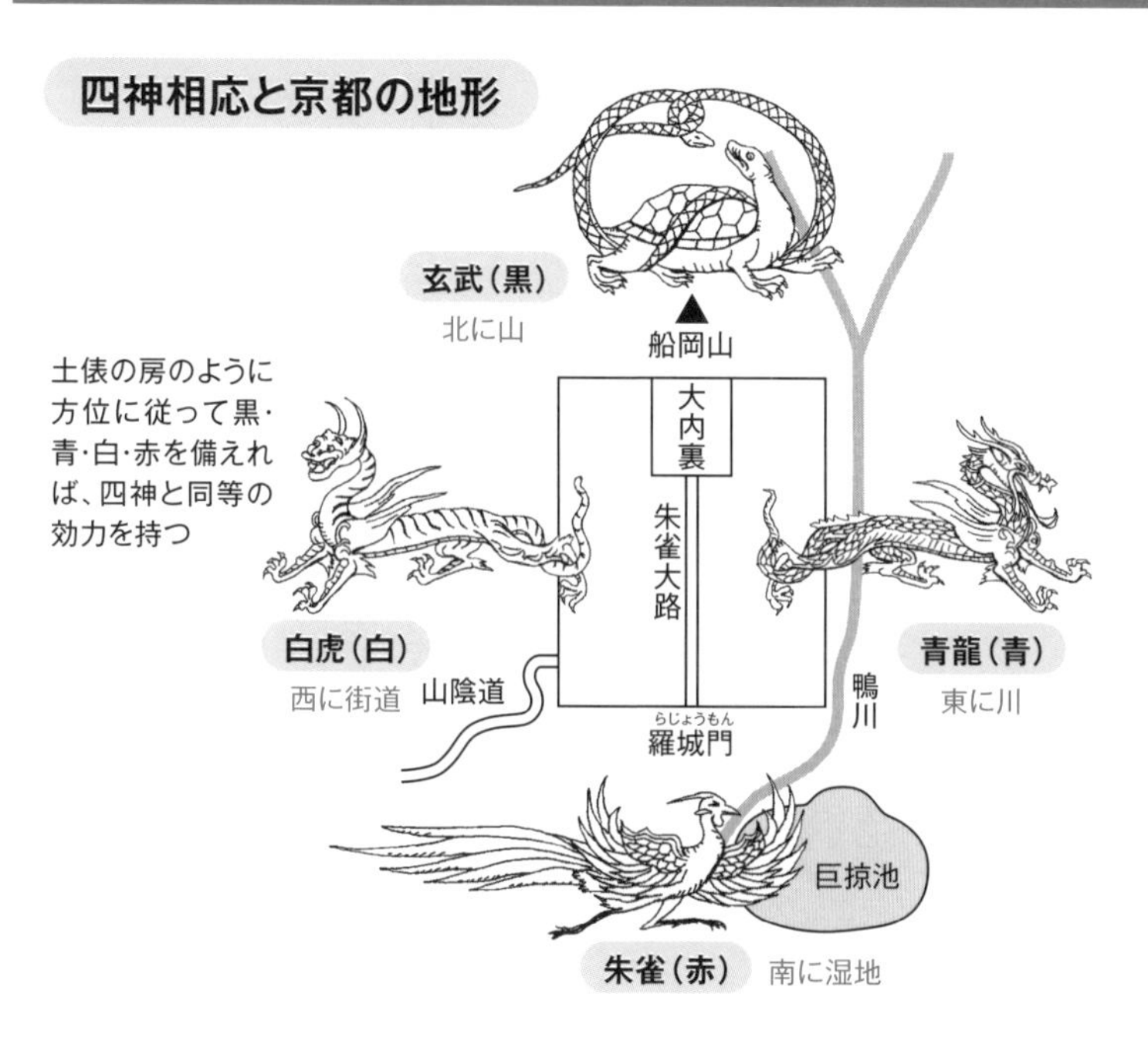

寝殿造と四神相応の関係

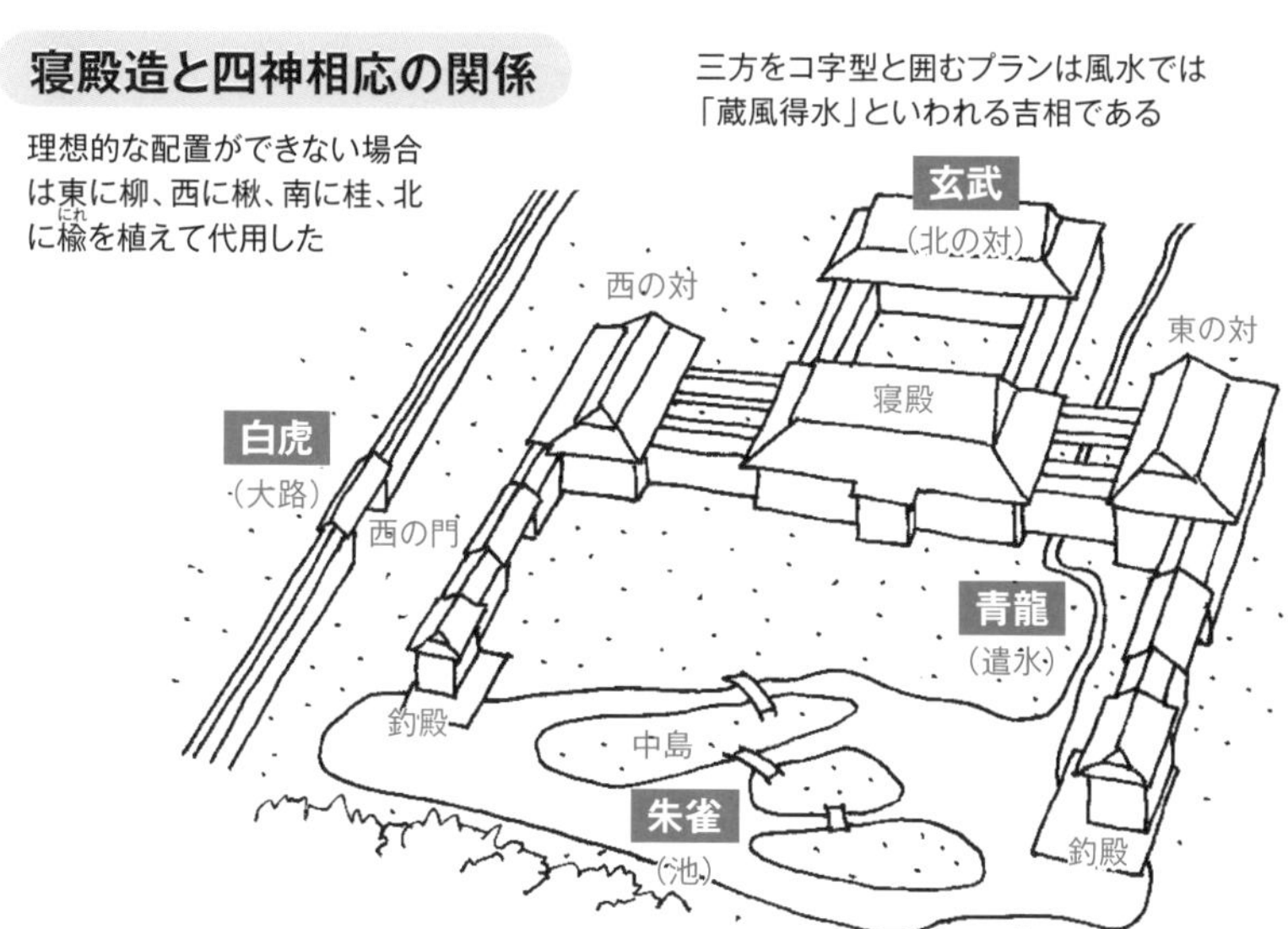

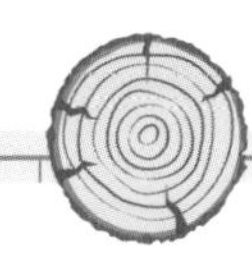

47 砂を読み石を想うのが枯山水の庭

抽象的だからこそ知れば楽しい枯山水の世界

枯山水とは、水をつかわず、石と砂、少々の苔や灌木で山水の風景を表現した庭です。室町時代に発展した禅宗の影響が強く、禅の悟りを庭で表しているともいわれます。

あまりにも抽象的な表現なので、とまどう人も多いかもしれません。しかし素直な気持ちで見れば、その豊かな世界を楽しめるようになります。

まず砂に注目してみましょう。ほうきで付けられた砂紋（箒目）が直線に近いなら、水面の穏やかな沼や池です。うねりがあれば川、うねりが大きければ海、半円を並べた砂柄（青海波）は荒海だと考えられます。

次は石です。沼地を表現しているとき、石は伏せたように置かれます。大海では、島に見立てるための大きな石が横たえているでしょう。川に立ち上る石組みは滝です。もし尖った石を組み合わせていたら、荒海の荒磯を表しています。

以上が、枯山水の庭における砂と石の原則です。これを押さえたうえで、改めて庭全体を見てください。**ひときわ目立つ背の高い石が主石と呼ばれる、水の始点です**。

そこから砂紋に沿って目を移せば、上流から下流へ、ときに淀みをつくりながら、入江を経て大海に至る川のストーリーを想像できるでしょう。石も、上流にはゴツゴツした大きなものがあり、下流は丸みを帯びたもの、海には荒磯に立ち向かう頑強な石組みがあることもわかるはずです。

枯山水の庭を、人生に置きかえて鑑賞する人もいます。大きな水紋に悟りを見たり、青海波を人生の試練ととらえるなど、解釈はさまざま。

抽象的だからこそ、自分なりに思索を巡らせる余地が多いのも、枯山水の魅力です。

第5章

建築を支える縁の下の力持ち

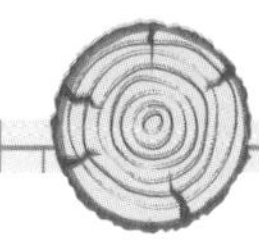

48 日本の家は冬をどう乗り越えた？

寒い冬は身体を直接暖めるのが基本だった

吉田兼好の『徒然草』に「家の作りやうは、夏をむねとすべし」という有名な一節があるように、**日本の住宅は夏向きにできています**。

壁は少なく、襖や障子戸を外せば、部屋全体に風を呼び込むことができます。深い庇は日射しを遮り、土間の天井が三角形なのは暑い空気を上昇させて逃がす工夫です。**すべて、日本の夏の高温多湿を和らげるためのものでした**。

では冬はどうでしょう。一言でいえば、寒さ対策はほとんどありませんでした。囲炉裏（いろり）を焚いても、暖気は障子紙から外へ、そして三角形の屋根天井からも出ていってしまいます。**部屋全体を温める室内暖房は、伝統的な日本家屋の構造では、不可能だったといえるでしょう**。

そこで考え出された工夫の一つがドテラと呼ばれる防寒着です。最近はあまり見かけなくなりましたが、半纏（はんてん）型の布団のようなものだと思えばいいでしょう。これを着て、火鉢を抱えたり、炬燵（こたつ）に腰を突っ込んで寒さを耐えるのが日本の冬でした。**家を温めるのではなく、身体を直接暖める身体暖房がメインだったのです**。

身体を暖めつつ、できるだけ自由に動けるよう、日本人はさまざまなポータブル暖房器具を生み出しました。炭をつかう火鉢、わらの灰などをつかったアンカ（行火）やカイロ（懐炉）、湯を入れる湯たんぽなど、すべて人の動きに合わせてつかう暖房器具です。

住宅の高気密化が進んだ現代では、ドテラ姿で炬燵に入り、縁側の窓ごしに雪景色を眺めるような生活は過去のものかもしれません。

しかし、そこにはエアコン頼みの生活では味わえない、暮らしと文化があったのです。

寒い冬季の暖のとり方

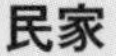

民家

日本の家屋は暖気が上へ横へと逃げてしまう。そこで考えたのが部屋を暖めるのではなく、身体を直接暖めることだった

温めた空気は上昇する

壁は少なく風は家をすり抜ける

ドテラ

綿入れのドテラを着こむのが冬の姿

置き炬燵

掘り炬燵は大勢。置き炬燵は少人数

身体暖房の極致。今は少なくなったポータブルな炬燵

火鉢

寒いときは抱え込んで暖をとった

湯たんぽ

布団のなかに入れて足を暖めて寝る

カイロ

懐中に入れて出歩ける

あんか

藁灰のなかで豆炭がくすぶりつづけ布団に入れて足を暖める

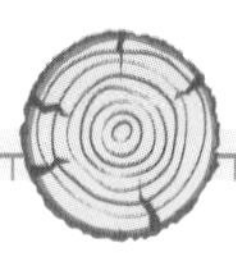

49 中庭で風はつくられる

陽当りの違う二つの庭で涼風を起こす工夫

風は「つくられるもの」なのをご存知ですか?

寒い冬の夜、温かい室内にいたら、襖の隙間から冷たい空気が流れ込んできたという経験はないでしょうか。この風は外から吹き込んだものではありません。空気には、暖気に向かって冷気が流れ込む性質があるので、隣室の冷たい空気が風となって流れ込んできたのです。

町家の中庭にも風をつくる働きがあります。建物の南側にある庭は夏の陽光が直接差し込み空気が暖められます。これに対して、小さく、まわりを建物に囲まれている中庭に日差しはあまり入り込みません。この温度差が中庭の冷気を、暖かい庭へと運ぶ風を生み出します。

もう少し詳しくいえば、**中庭の冷気は下に沈み、暖められた庭の空気が上昇気流をうむので、この気圧差が気流という風になるわけです。**

二つの庭が生むひんやりした風は、ささやかな微風です。しかも、座敷の畳を這うように低く流れるので、少しでも高さのある障害物があれば遮られてしまいます。

しかし、日本の家屋には掃き出し（ほうきでゴミを掃き出すために床面が開放されている部分）があり、障子戸やガラス戸も床面から立ち上がる構造になっているので、この微風を受け入れやすいのです。なお、この微風を満喫する最善の方法は、畳の上で横になることです。

中庭以外にも、風をつくる工夫はあります。**たとえば、家の西側に木を植えるのもその一つ。朝、太陽が昇り、室内が暖められたとき、木陰に蓄えられた冷気が室内に向かって流れます。**

暑い夏の夕方に、庭や露地に水を打つのも、同じ原理です。

風は寒暖差でつくられる

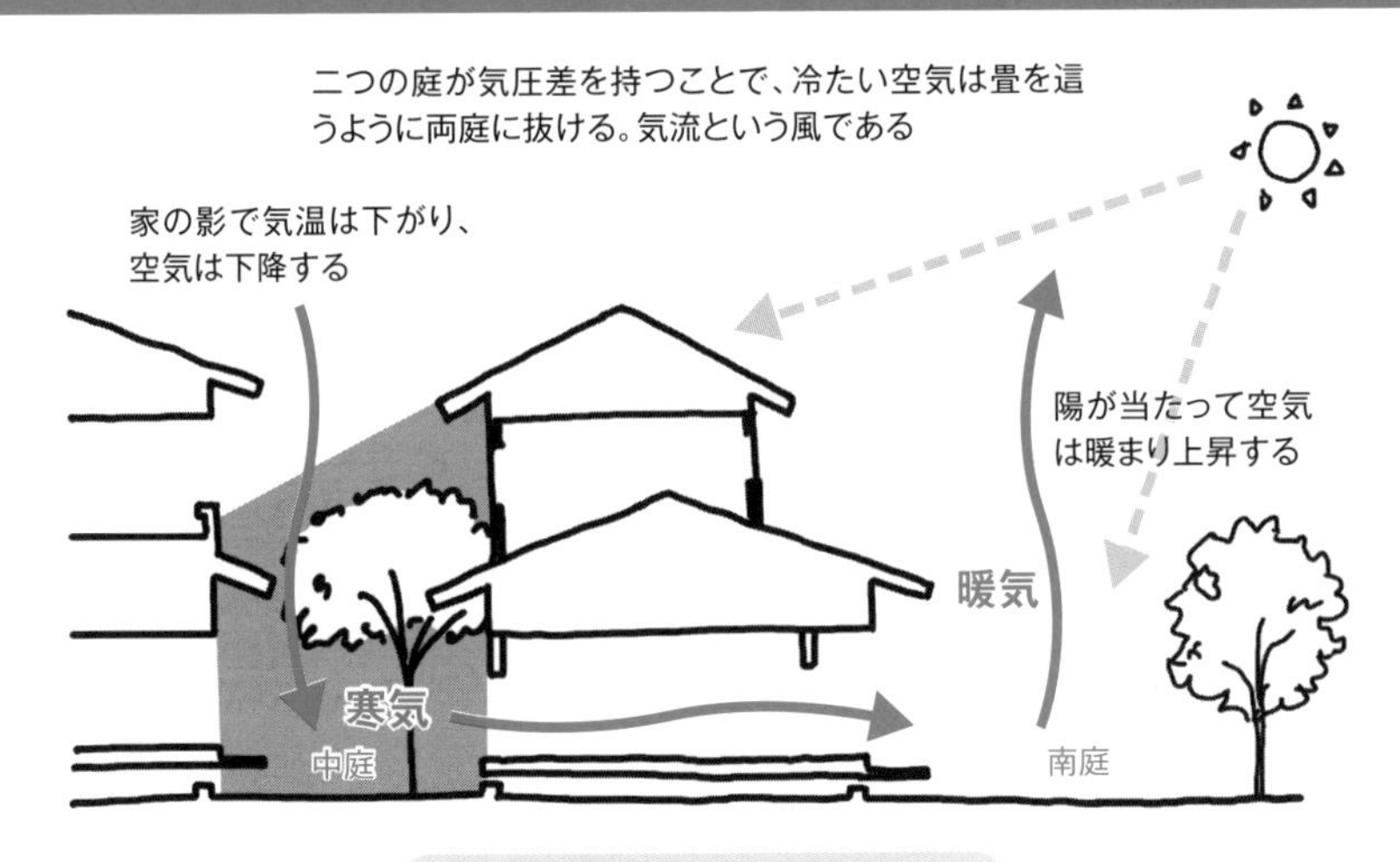

二つの庭が気圧差を持つことで、冷たい空気は畳を這うように両庭に抜ける。気流という風である
家の影で気温は下がり、空気は下降する
陽が当たって空気は暖まり上昇する
暖気
寒気
中庭
南庭

二つの庭による風の流れ

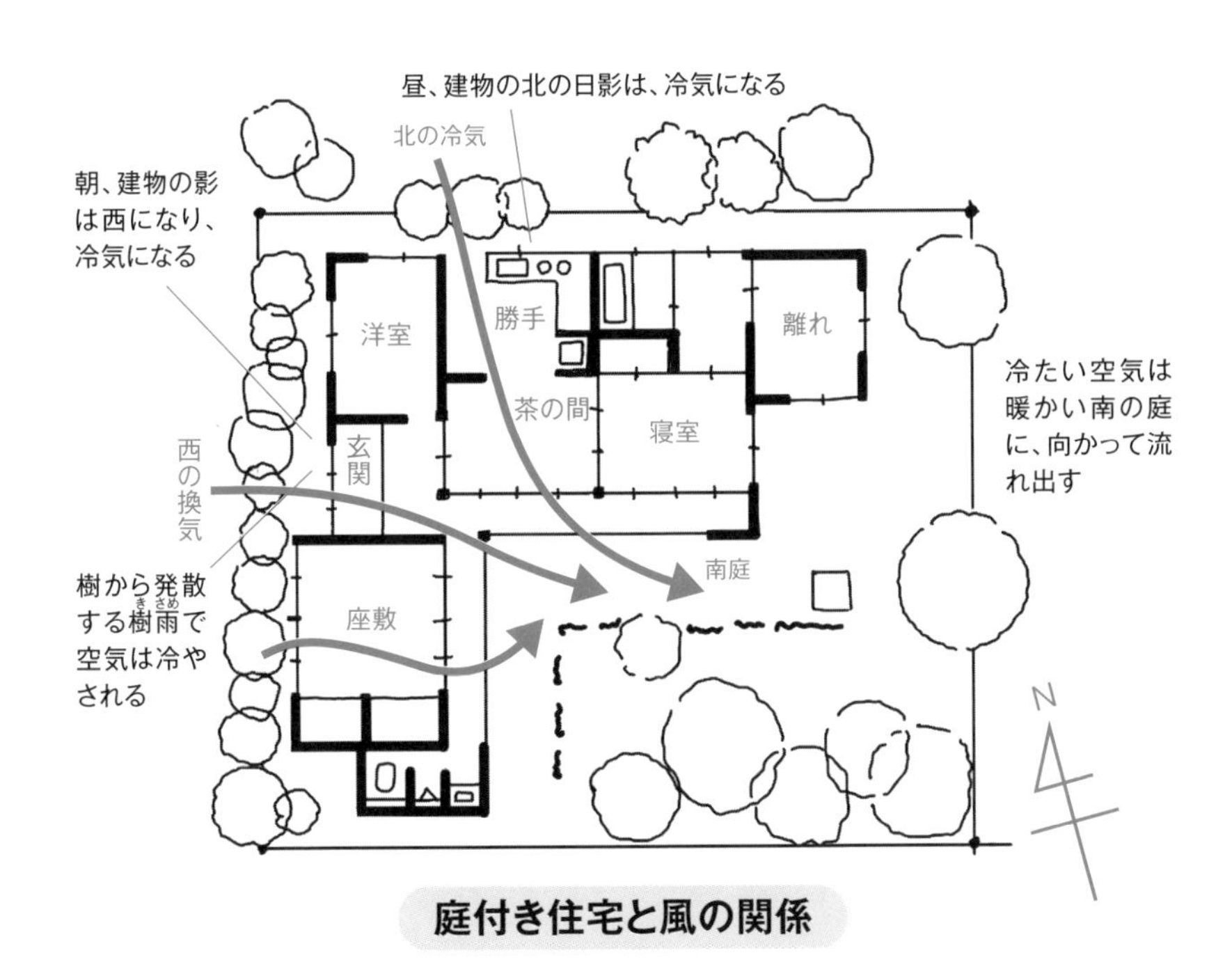

昼、建物の北の日影は、冷気になる
北の冷気
朝、建物の影は西になり、冷気になる
洋室
勝手
離れ
茶の間
寝室
玄関
西の換気
座敷
南庭
樹から発散する樹雨で空気は冷やされる
冷たい空気は暖かい南の庭に、向かって流れ出す
N

庭付き住宅と風の関係

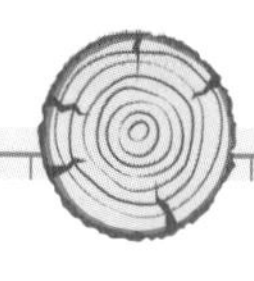

50 自然エネルギーには二つの考え方がある

パッシブシステムとアクティブシステム

21世紀の日本で、自然エネルギーという言葉を知らない人はほとんどいないでしょう。具体例を聞けば、風力、波力、地熱、太陽光、バイオマスと答えが返ってくるはずです。そのメリットも「持続可能性が高い」とか「二酸化炭素排出が少なく、地球温暖化対策に有効」と答えてくれます。

しかし、自然エネルギーの利用法が大きく2種類あることは、あまり知られていないのではないでしょうか。

一つは建築上の工夫などで、自然エネルギーをそのまま利用する方法で、パッシブシステムと呼ばれます。南側の窓に庇をつけたり、ゴーヤーなどで緑のカーテンをつくるのは、パッシブシステムの実例です。

広い庭では、南に高木の落葉樹を植えて夏の日射を遮り、北には高木の常緑樹を植え、冬の北風を防げます。熱気のこもる屋根裏に断熱材を張り、換気口を設置するのもパッシブシステムです。冷暖房機器のない時代の知恵が応用されています。

もう一つは、自然エネルギーで得られる熱などを加工して冷暖房器や給湯器などの機械で動かす方法で、アクティブシステムと呼ばれます。特徴は機械を利用するところです。

太陽光や風力エネルギーを利用した発電、太陽熱や地中熱などの熱エネルギーでお湯をわかす給湯器、地中熱や空気熱をヒートポンプの熱源とした冷暖房機といったものがアクティブシステムに分類されます。機器を動かす際に必要な化石燃料の依存度を下げることで、二酸化炭素を抑制し、持続可能性を高めることができます。

パッシブシステムとアクティブシステム、その両方を上手く併用することが大切です。

パッシブシステムとアクティブシステム

パッシブシステム

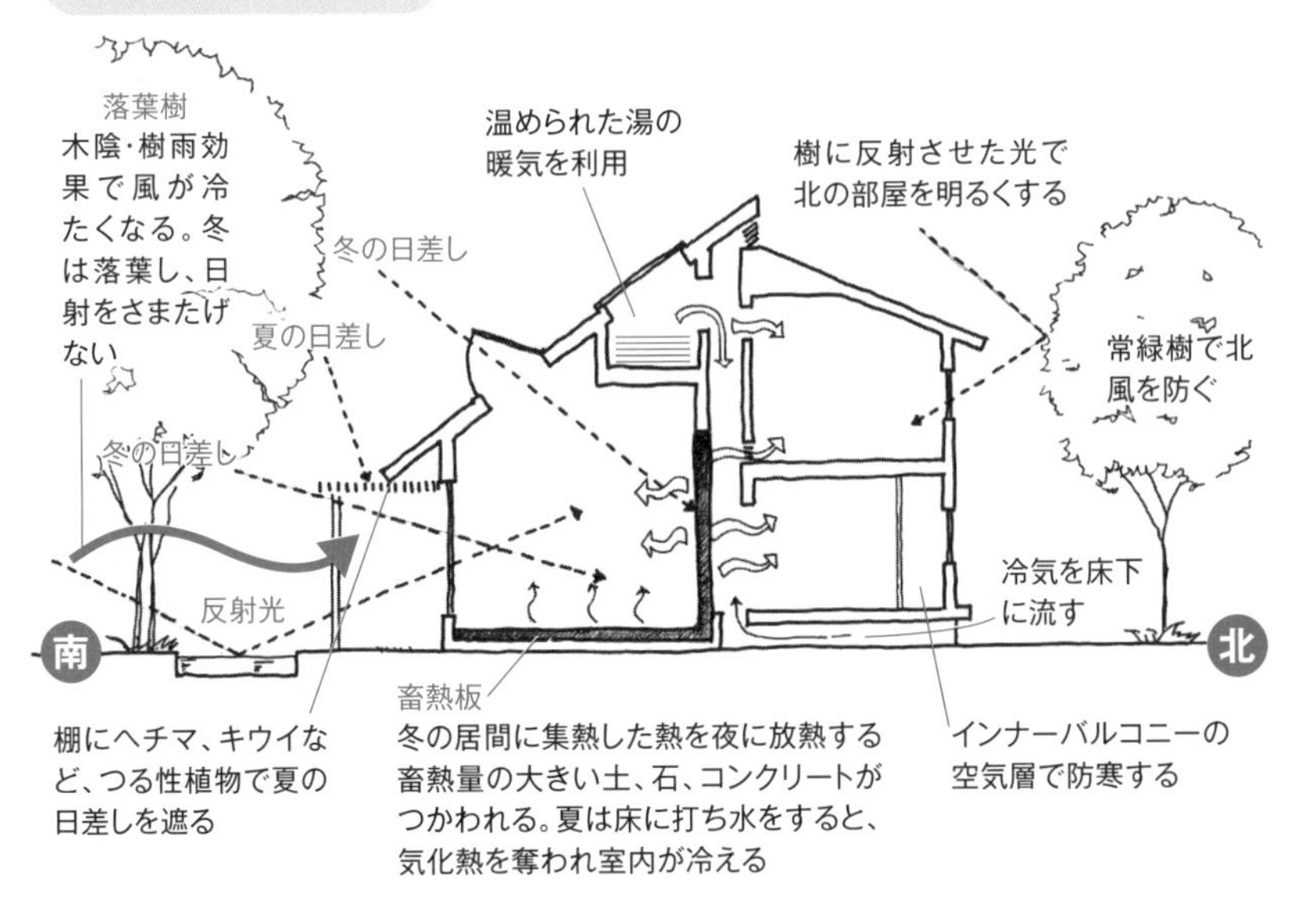

アクティブシステム

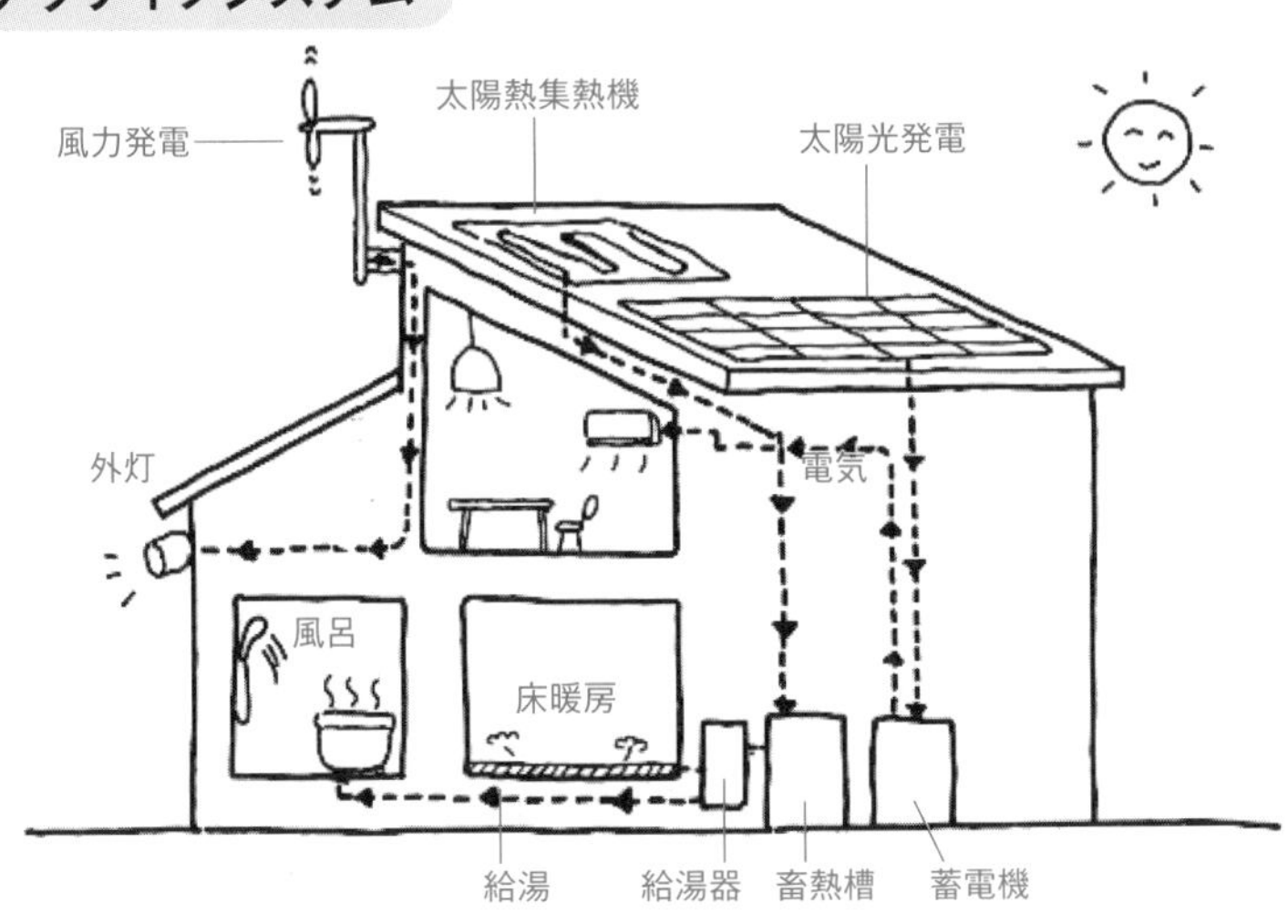

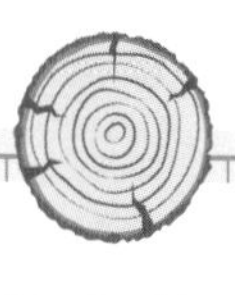

51 暮らしまわりのカタカナ語

住まいや暮らしから地球環境に貢献する時代

昨今、暮らしまわりのカタカナ用語が増えてきました。テレビやネットなどで当たり前のようにつかわれていますが、みなさんはその意味をご存知ですか？

きちんと理解していない用語、さっぱりわからない言葉もあるのではないでしょうか。よく質問を受けるカタカナ語をいくつか説明してみましょう。

まずスマートハウスです。ここでいうスマートはスマートフォン、スマートパスと同じで、「賢い」を意味する言葉です。

スマートハウスは、家庭内のエネルギー消費を最適にコントロールする住宅のことをいいます。あちこちに設置されたセンサーなどから取り込む情報を「見える化」するだけでなく、それを整理、制御まで行うのが特徴です。

具体的には、太陽光発電などでつくり出したエネルギーを蓄電池に蓄え、効率よく家電や住宅機器を動かすことで、省エネルギーを進め、CO_2排出を抑えることができます。

次にヒートポンプです。熱を伝える媒体をつかい、空気の温度差をエネルギーとして利用する仕組みです。エアコン、冷凍庫などさまざまなところに取り入れられています。

もう一つエコキュートも解説しましょう。可愛らしいネーミングは関西電力の登録商標で、正式名称は自然冷媒ヒートポンプ給湯器。**エコキュートは、ヒートポンプユニットと貯湯タンクユニットで構成されており、割安な深夜電力でお湯を沸かし、タンクに給湯するシステムです。**

ここにあげた用語はすべて環境に配慮するシステムです。住宅や家庭でも、地球規模の課題に貢献できることは少なくないのです。

スマートハウスとヒートポンプ

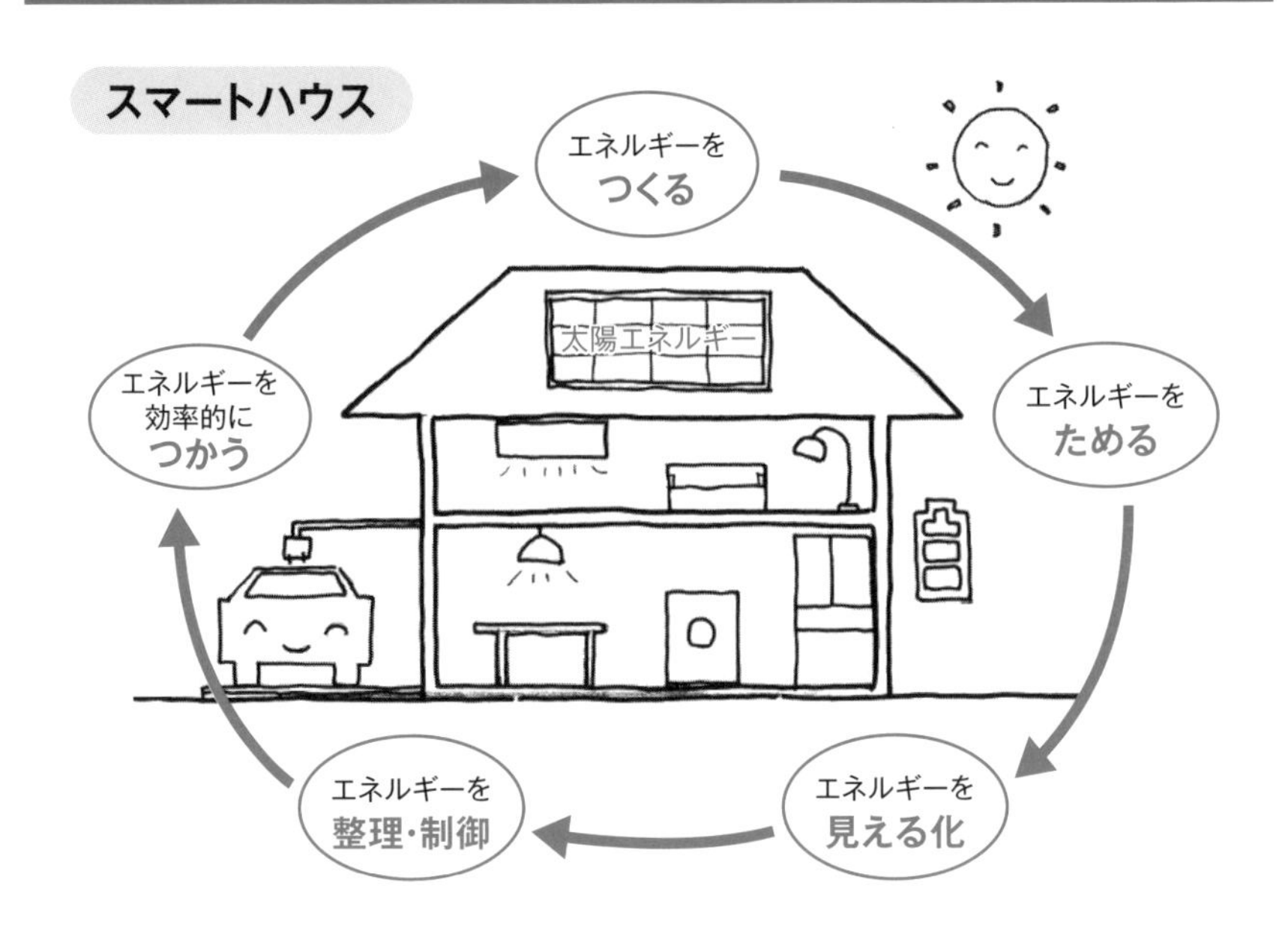

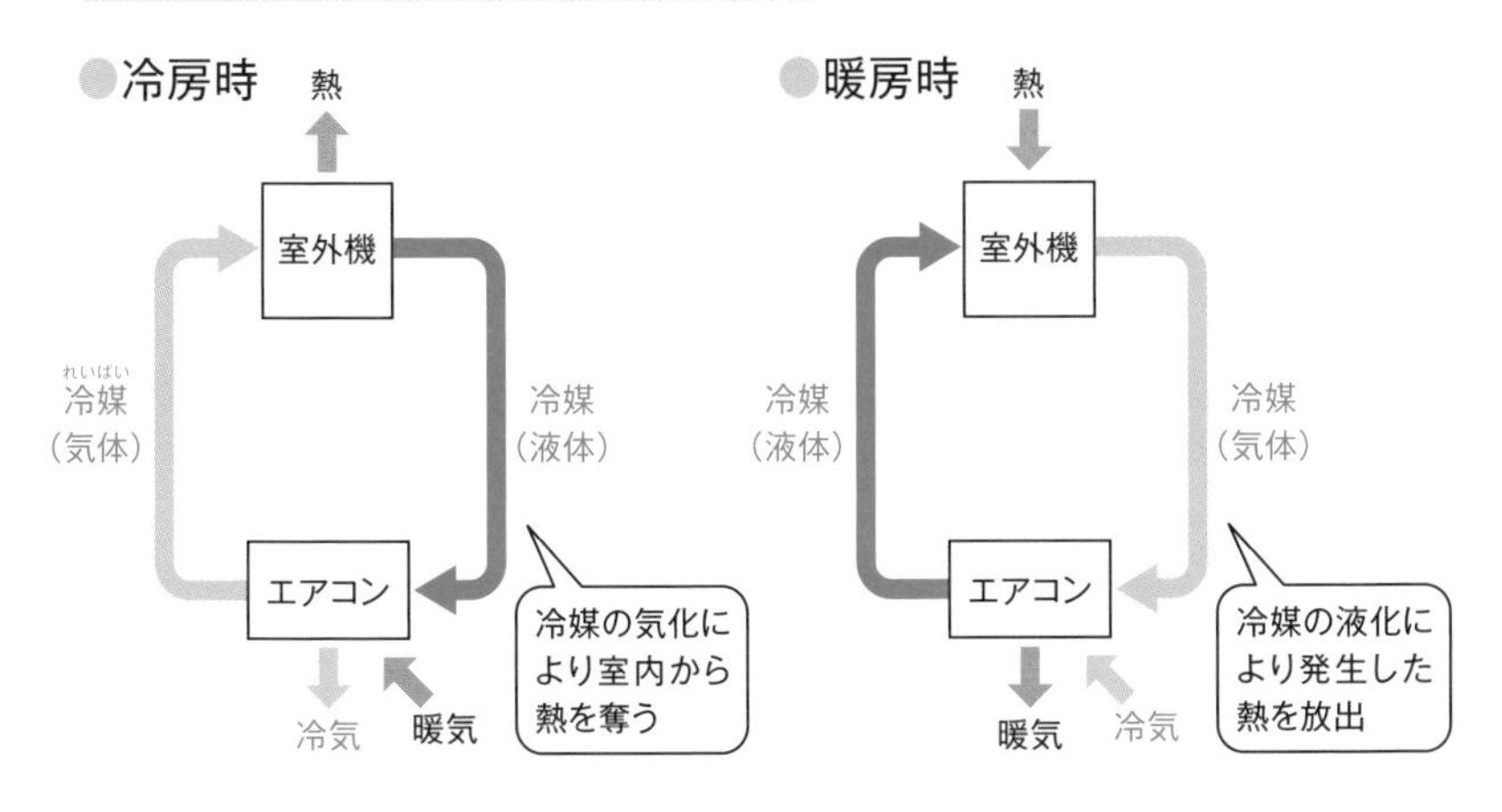

パイプのなかは冷媒という物質で満たされる。液体や気体は冷媒に「圧力を加えると温度が上がり、圧力を下げると温度が下がる」という特徴がある。その特徴を利用して冷房、暖房、給湯をする

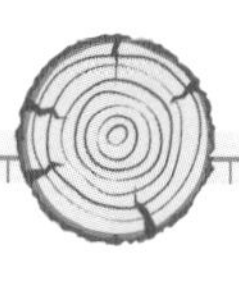

52 日本の家屋が木でつくられたワケ

木材は育った環境と同じようにつかうのが原則

世界の住宅は、伝統的に石、土、木の三つの素材でつくられてきました。日本で圧倒的に多いのは木造の家です。日本列島で樹木が豊富に採れたのがその一因ですが、土や石が乏しかったわけではありません。**家を建てるのに木を選んだのには、それ以外の理由があるのです**。

その一つが湿度を保つ調湿機能です。杉の柱1本は、ビール大瓶（633ミリリットル）半分から1本分の水分を吸収する能力があるといわれています。6畳間に柱は6本程度つかわれるので、かなりの量になるでしょう。木は、蒸し暑い日本の夏に相応しい素材だったのです。

土にも調湿機能がありますが、構造上、土壁の窓は小さくなります。木で柱と梁を組み立てれば、大きく窓を開け、風を入れることもできるのです。

この調湿機能は「木が呼吸する」とも表現されます。**木は木材になっても生きており、呼吸しているのです**。**その能力を最大限生かすコツは、育ったとおりにつかうことです**。

たとえば柱につかう場合、木元（樹木の根元側のこと。先側は木末）を下にします。梁としてつかうときは、木材の背（樹木の太陽があたる側）を太陽が当たる上に向けるのが大原則です。

木と木を継ぐ場合も同じで、植物の導管をつなげるように、木末と木元を合わせて継ぎます。

樹木は自分から場所を移動することはありません。芽を出した環境に合わせ、育ちます。材木としても、その特性は健在です。**風呂場や台所には谷間の湿地で育った木、リビングには日当りのよい尾根の木が適しています**。

古くから「地元の木は地元でつかえ」と伝えられてきたのも、木の能力をいかす知恵です。

木の能力をいかす知恵

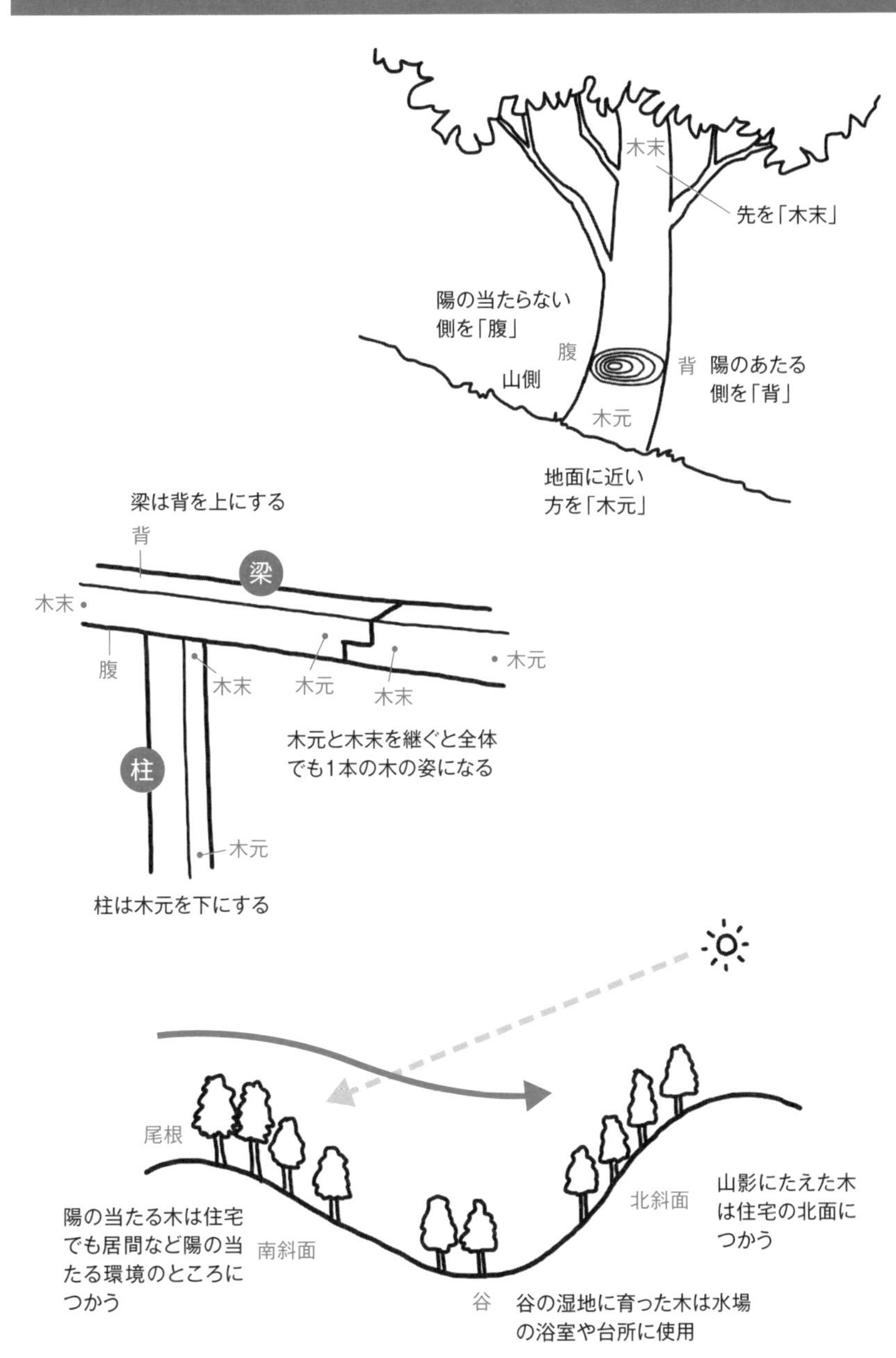
木末
先を「木末」
陽の当たらない
側を「腹」
腹
山側
背
陽のあたる
側を「背」
木元
地面に近い
方を「木元」
梁は背を上にする
背
梁
木末
腹
木末
木元
木末
木元
木元と木末を継ぐと全体
でも1本の木の姿になる
柱
木元
柱は木元を下にする
尾根
陽の当たる木は住宅
でも居間など陽の当
たる環境のところに
つかう
南斜面
北斜面
山影にたえた木
は住宅の北面に
つかう
谷
谷の湿地に育った木は水場
の浴室や台所に使用

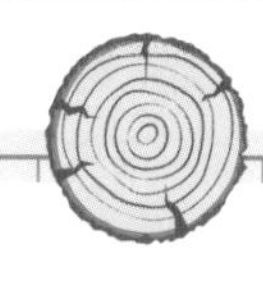

53 ラーメン構造は石造でなく木造建築の応用

自由な間取りとピロティは木造建築の発想

鉄筋コンクリートは、鉄筋（引っ張る力に強い）にコンクリート（圧縮する力に強い）を流し込み、型枠に入れて固めるものです。見かけは石の塊のようですが、その実用化で重要だったのは石造ではなく、木造建築の考え方でした。

なぜなら、石造建築のような厚い壁で建築物を支える構造（壁構造）で鉄筋コンクリートの建築物をつくると、天井や床を支えるために、室内に多くの壁が必要になってしまうからです。

解決のヒントは木造建築にありました。

太いコンクリート柱を約7メートルほどの間隔で立て、柱と梁で支える構造にすれば、壁がなくても済むのです。これをラーメン構造と呼びます。

ラーメンとは食べ物ではなく、額縁を意味するドイツ語です。この構造によって間取りの制約は少なくなりました。大きな窓をつけたり、1階部分をピロティ（柱だけの空間）にして、駐車場がつくれるようになったのです。

1927年、20世紀初頭を代表する建築家ル・コルヴィジェは現代建築5原則を、①ピロティ、②屋上庭園、③自由なプラン、④水平連続窓、⑤自由なファサード（正面の立面）と定義しました。**これはラーメン構造の出現で可能になった形式です。**

著名な建築家ブルーノ・タウトは京都の桂離宮（かつらりきゅう）を訪れたとき、真壁造（まかべづくり）の和風住宅を「現代建築の真髄を見る思いだ」と絶賛しました。ラーメン構造は木造建築の架構と同じ考え方だったのですから、当然の評価といえるでしょう。

日本の寝殿造の住宅は、現代建築の5原則のうち屋上庭園以外の四つを1000年以上前から実現していたのです。

コンクリート構造は大きく二つに分けられる

壁式構造

壁梁（かべばり）と一体化した耐力壁で構成する。3階建ほどの低中層の建物に適する

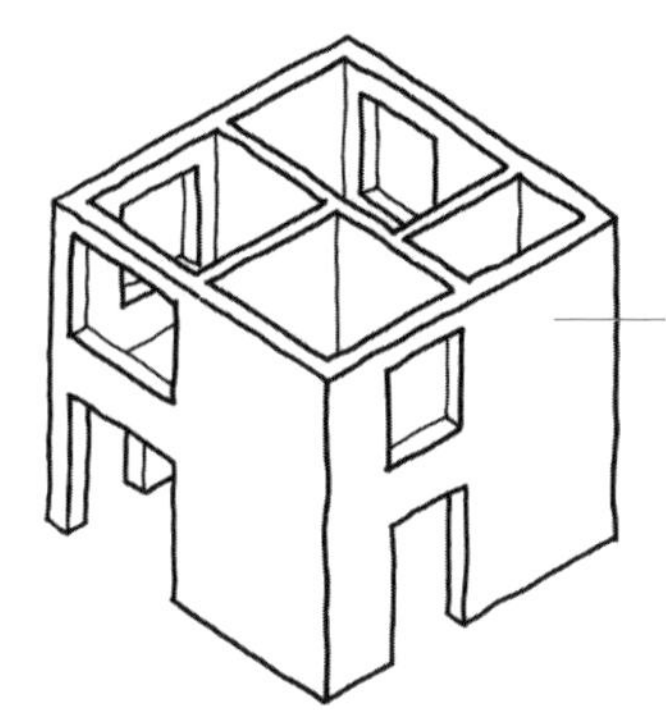

壁面が多くプライバシーの高い空間が得られるが一方、大きな窓を設けるのはむずかしい

ラーメン構造

柱と梁がガッチリ組み合い、変形しにくい。比較的自由な平面取りと大きな窓がとれる。高層建築が可能

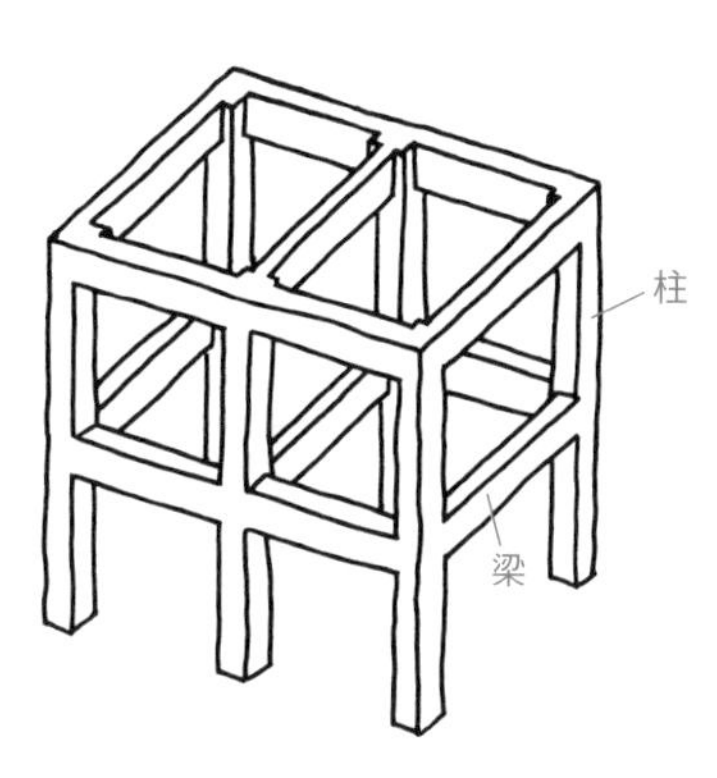

ル・コルヴィジェの現代建物の5原則のいくつかは、桂離宮の建物に見ることができる

障子戸はル・コルヴィジェの水平連続窓であり、自由なファサードを実現していた

縁束はまるでピロティ柱のよう

桂離宮

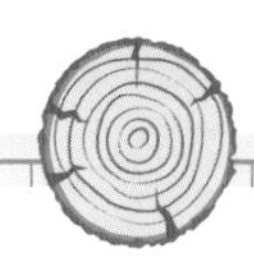

54 伝統工法、在来工法、2×4工法の違いは？

木造住宅は工法によって柱と梁、土台が違う

伝統建築工法は、古民家に見られる昔ながらの木組み工法です。柱と梁などの継ぎ合わせに釘は極力つかわず、凸（ほぞ）と凹（ほぞ穴）のように刻んだ木を組み合わせて固定します。そのため接合部は柔軟になり、地震の揺れも柔らかく受け流すことができます。

土台も、地盤に平らな玉石を置いて柱をのせるだけで、固定しません。地震の際は、少し浮き上がって地盤から離れることで揺れをかわすのです。

在来軸組工法は、伝統建築工法をベースにしながら、柱や梁などの継ぎ合わせ部分や、基礎と土台の間を金物やボルトで固定するものです。

筋交い(すじかい)いや骨組みの隅には火打(ひうち)や方杖(ほうづえ)と呼ばれる斜材を入れます。三角形型の構造で、地震をガッチリ受け止める剛構造になります。

ツーバイフォー（2×4）工法は、2インチ×4インチの角材を四隅の骨とした合板パネルをつなぎ合わせて壁や屋根を、ダンボール箱のように組み合わせる工法です。

最大の特徴は、柱や梁を用いる必要がないところ。外からの力に六面一体で対応するため、地震に強く、しかも断熱効果の高いパネルがつかえるのもメリット。ただし、壁面で支える構造のため、プランの自由度や変更は限定されます。

これに対し、**柱と梁で建物を支える伝統工法や在来軸組工法は、間取り変更がしやすく、風や光を入れる開口部を広くとれるため、結露の心配が少ないというのが違いです。**

ちなみに2×4工法に柱や梁の補強をして開口部を広げたり、在来軸組工法にパネル板を組み合わせるといった応用もできます。どれを採用するかは、立地や住み手の考え方次第です。

3種の建築工法の違い

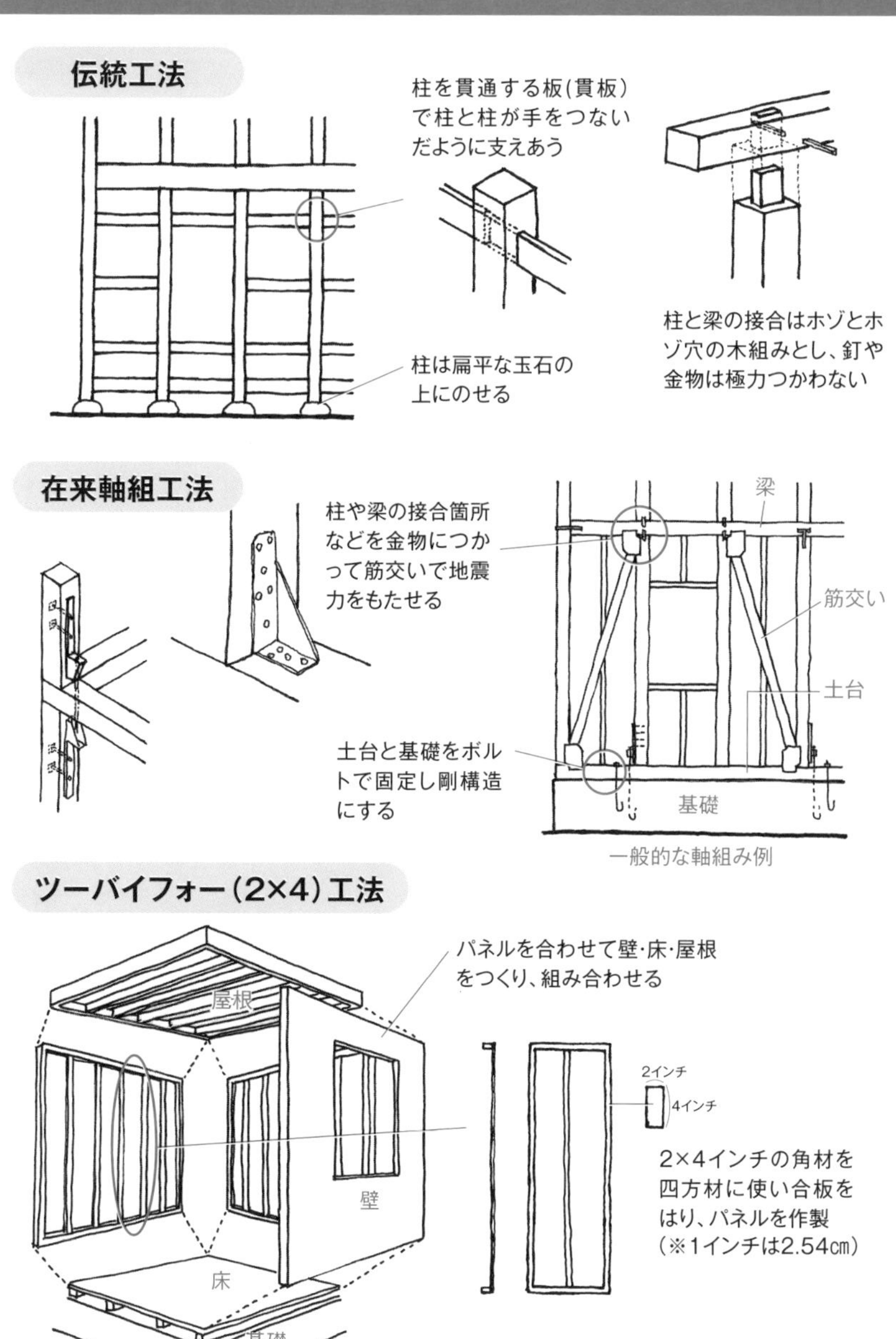
伝統工法
柱を貫通する板(貫板)で柱と柱が手をつないだように支えあう
柱と梁の接合はホゾとホゾ穴の木組みとし、釘や金物は極力つかわない
柱は扁平な玉石の上にのせる
在来軸組工法
柱や梁の接合箇所などを金物につかって筋交いで地震力をもたせる
梁
筋交い
土台
土台と基礎をボルトで固定し剛構造にする
基礎
一般的な軸組み例
ツーバイフォー(2×4)工法
パネルを合わせて壁·床·屋根をつくり、組み合わせる
屋根
壁
床
基礎
2インチ
4インチ
2×4インチの角材を四方材に使い合板をはり、パネルを作製
(※1インチは2.54㎝)

55 耐震、免震、制震はどこが違うのか

激しい揺れを耐えるか、免れるか、制するか

地震が起きたとき、建物はどうあるべきでしょうか。基本的には壊れることなく、生活に支障が出ないことが求められるでしょう。しかし、震災レベルの大規模な揺れに対しては、建物自体の損傷よりも、**まず人命を守ることが優先されます。その代表的な対処法が、耐震工法、免震工法、制震工法の三つです。**

耐震工法は、地震に建物が耐えることを目的とした工法です。筋交い（すじかい）や耐力（たいりょく）壁をバランスよく配置し、強固で頑丈な建物を造ります。

免震工法は、地震の揺れが建物に伝わらないよう、地盤などと切り離す工法です。基礎の上や中間階に免震装置を設置し、地盤の揺れが建物に伝わるのを免れることを目的とします。

ただし、上層階では強風による揺れが起こるといったデメリットもあります。

制震工法は、地震を制（御）することを目的とした工法です。揺れのエネルギーを熱エネルギーに変換するダンパーを設けたり、最上階に重りを設置して、地震と反対方向に揺れ返す運動を起こすといった方法が開発されています。

歴史的にもっとも古くからあるのは耐震工法です。明治時代に研究が始まり、関東大震災を期に実用化が進みました。

免震工法は１９７０年代から開発が進められ、阪神淡路大震災後に盛んに実施されるようになった工法です。**制震工法も１９６０年代には研究が始められており、やはり阪神淡路大震災以後、多く活用されるようになりました。**

これらの工法は併用も可能です。たとえば免震装置で50センチに抑えた変動を、制震装置で20センチにまで減少させることもできます。

地震に対する構造上の安全対策

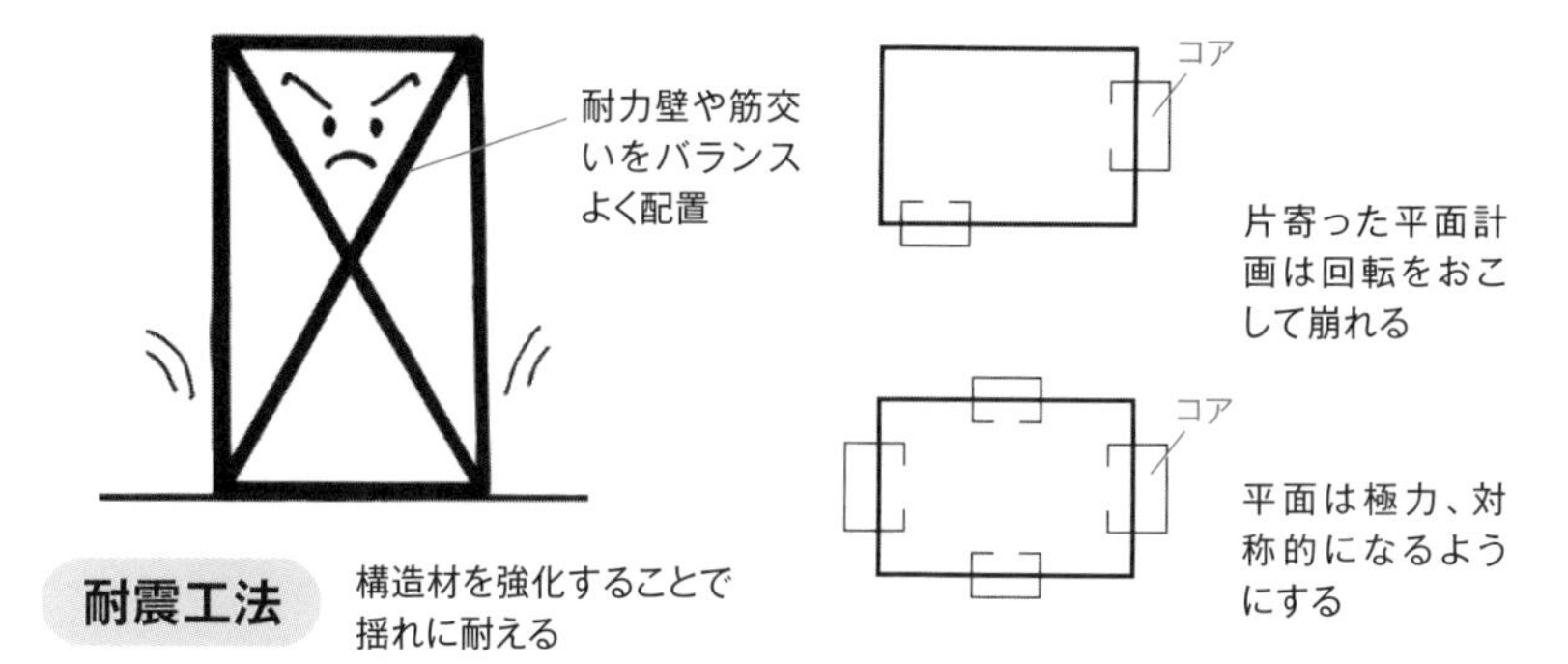

耐震工法　構造材を強化することで揺れに耐える

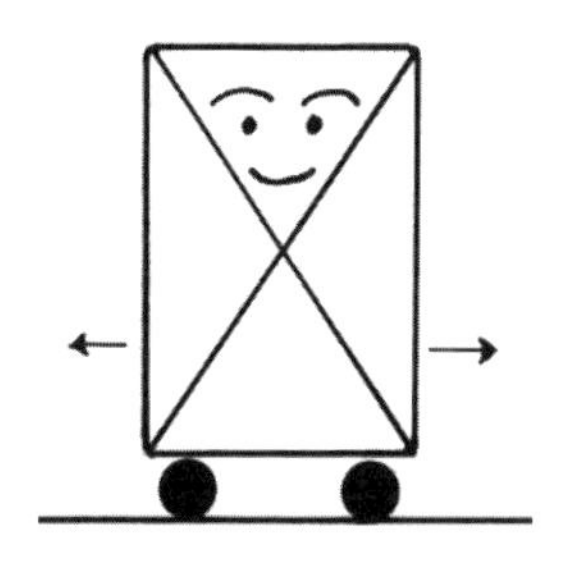

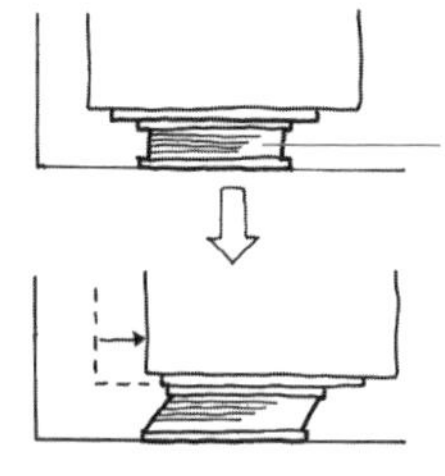

免震工法　緩衝装置によってよって建物を切り離し、揺れから免れる

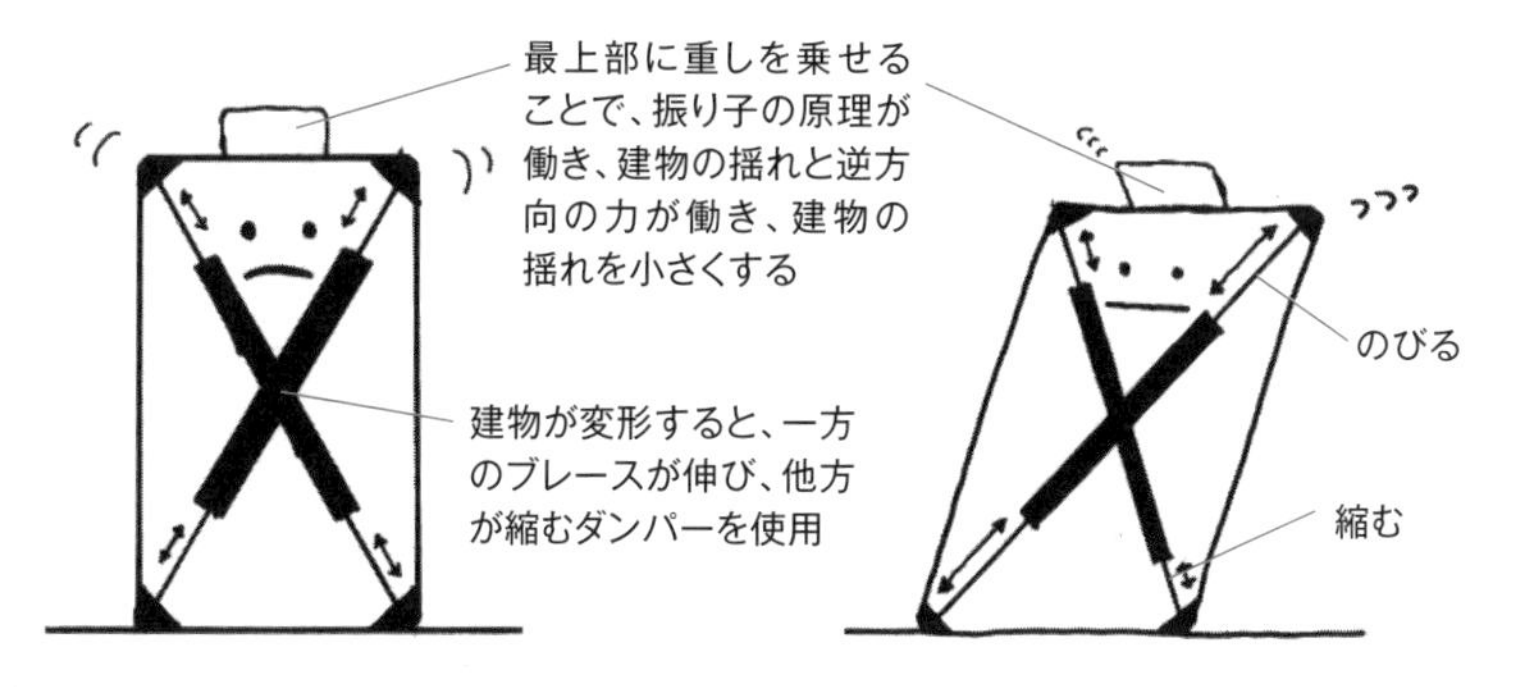

制震工法　ダンパーや重しなどによって揺れエネルギーを制する

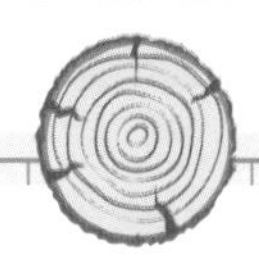

56 雨仕舞は雨に対するさまざまな対策

防水はピッタリ塞ぎ、雨仕舞は空洞を設けて風で乾かす

日本は雨の多い国です。建物は雨水を侵入させないことが重要でした。しかし、日本で初めて屋上に防水材がつかわれたのは1905年と、比較的最近のことです。

それまでの長い間、大工や職人たちがさまざまな工夫を凝らしてきました。いわゆる「雨仕舞（あまじまい）」と呼ばれる技術です。

防水と雨仕舞はよく似ていますが、同じものではありません。防水は建物のすき間を塞ぎ、水を防ぐことです。**しかし、雨仕舞はそれだけでなく、水を受けたり、導いたり、切ったり、汚れ防止につかうといった、雨に対するさまざまな対策を含みます**。一部を紹介しましょう。

雨仕舞の多くは屋根、外壁、開口部、とくに屋根の棟や軒下、外壁のつなぎ部分に施されました。「名人の屋根瓦はすき間だらけ」という言葉があります。木造住宅にとって湿気は家を傷める大敵です。**そこで、葺（ふ）き土が吸収できる程度の雨水をあえて入れる微妙なすき間をつくり、かわりに風をとおし、葺き土を乾かしたのです**。

壁の下見板も同様で、板の重ね目から風を入れます。これも隙間をあける考えです。

水を切るという発想も雨仕舞の特徴です。突き出した庇で、雨水が壁にかかるのを避けたり、窓ガラスをつたう雨のしずくを窓台下の皿板で切り、外壁に雨筋が付くのを防ぎます。RC造マンションのバルコニー裏（天井）の溝も水切りです。角を回り込んできた雨水をこの溝で切っています。

そのほか、地面からの跳ね上がりから土壁を守る腰壁も雨仕舞といえるでしょう。防水と雨仕舞それぞれ利点と欠点を知り、上手く組み合わせるのが賢明です。

空ける雨仕舞には二つの方法がある

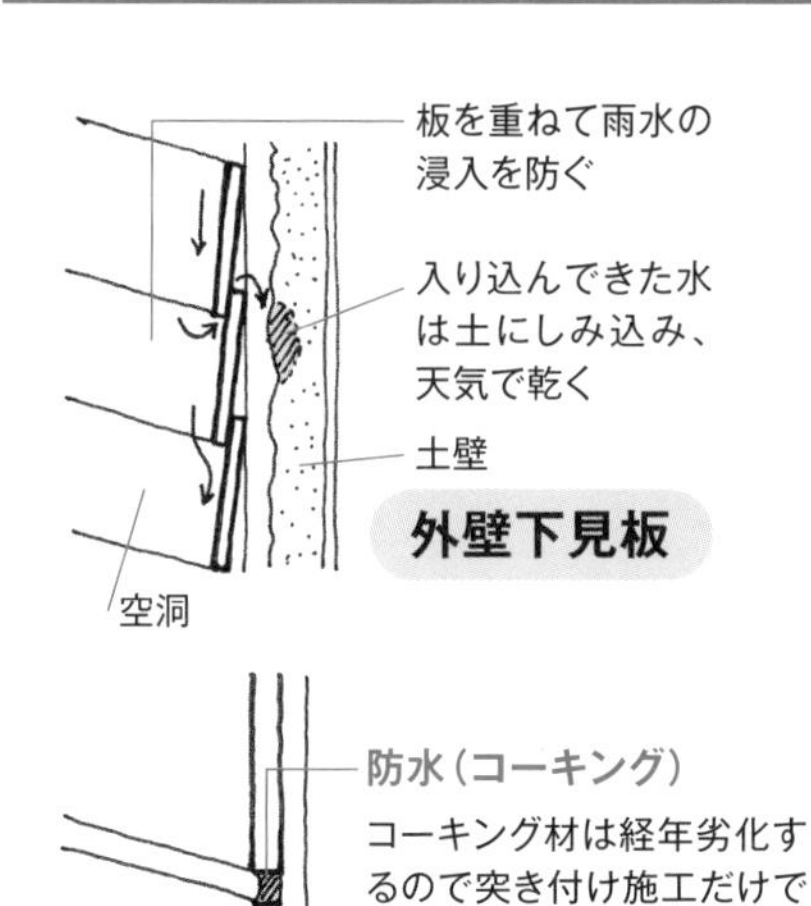

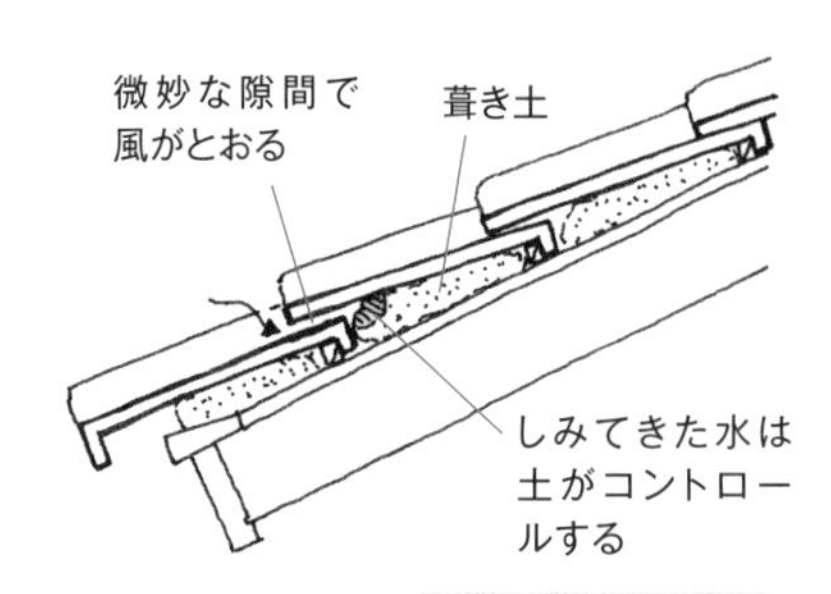

風通しがよいため
瓦の合わせ方が粗いほど
腕がよいとされた

軒の出を深くするのも雨仕舞といえる

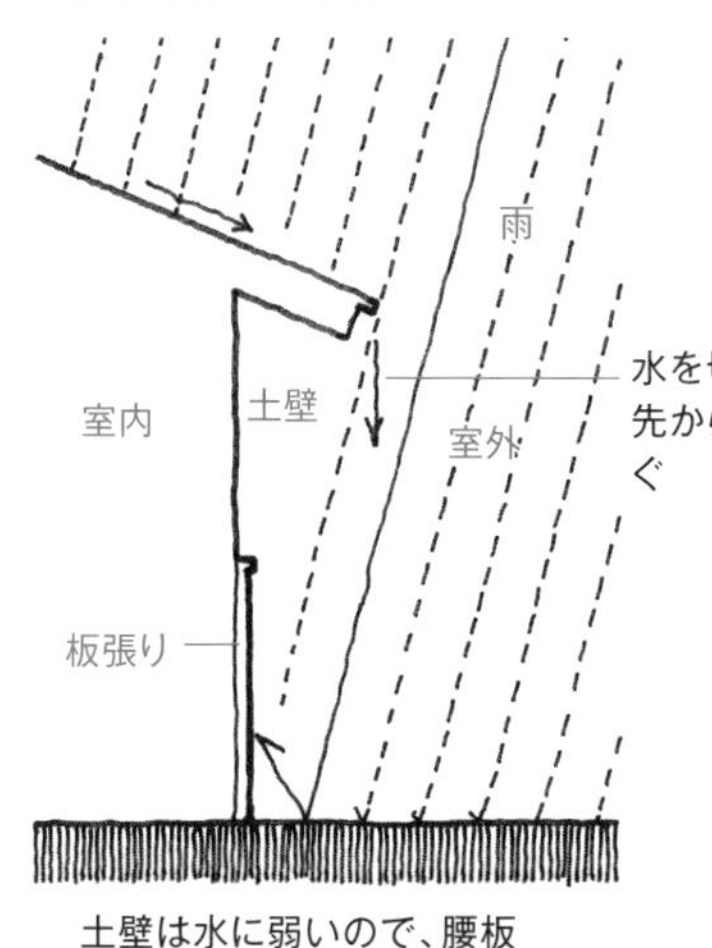

土壁は水に弱いので、腰板
壁で雨の跳ね上がりを防ぐ

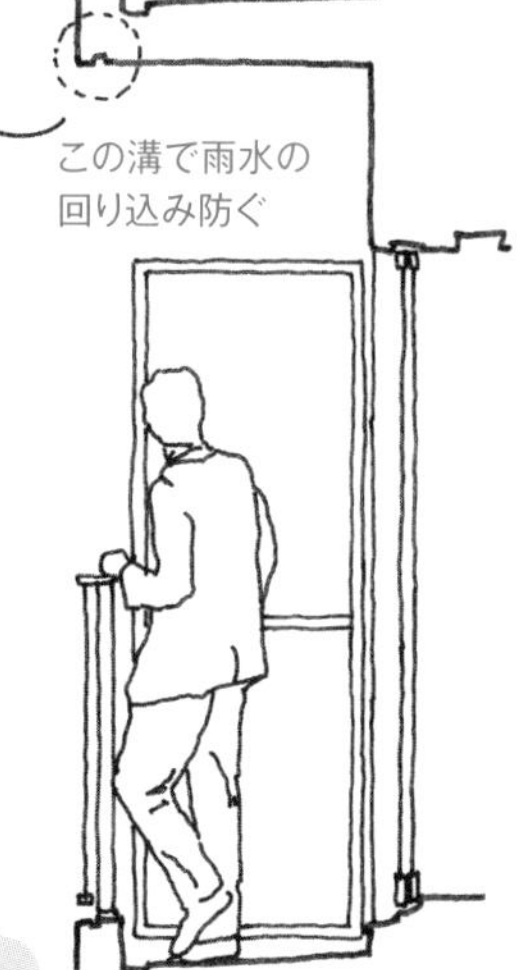

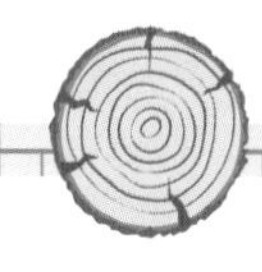

57 瓦に込められた人々の願い

瓦の歴史とメッセージ

屋根の材料にはいくつかの種類があります。かつては建物の用途や格によって、つかいわけや制限がありました。

神社の屋根には自然素材が多くつかわれています。茅で葺く茅葺き、檜の樹皮で葺く檜皮葺き、木材の薄板で葺く柿葺きなどが代表的なものです。自然信仰を原点とする神道ならではともいえるでしょう。

一方、寺院の屋根は多くが瓦葺きです。瓦は仏教が伝来したのとほぼ同じころ、瓦焼き職人と一緒に中国からやってきました。そのあと、武家などの特権階級の建物にもつかわれるようになります。

一般的な民家はどうでしょうか。

高価な瓦の使用は長い間、庶民には禁じられていました。江戸時代になっても、江戸の町では民家の屋根はほとんどが板葺きだったようです。そのため、都市化が進んで住宅が密集するようになると、度重なる大火に悩まれるようになりました。

飛び火を防ぐために屋根に牡蠣殻をのせる牡蠣殻葺きといった対処がされたものの、火災は起こり続けます。

こうして、ようやく庶民が瓦をつかえる時代が訪れたのです。

瓦屋根では、雨の流れる水みちを通すことが大切になります。寺院や西日本の古民家などに見られる本瓦葺きは、水みち用の平瓦と丸瓦を交互に並べるものです。その後、平瓦、丸瓦を一体にした桟瓦が江戸時代に登場。庶民にも普及していきます。

瓦屋根は、独自の装飾や紋様が施されることが多いのも特徴です。水を象徴したものは火災防止、その他、魔除けや吉祥願いなど、さまざまなメッセージが込められています。

瓦に込められたメッセージ

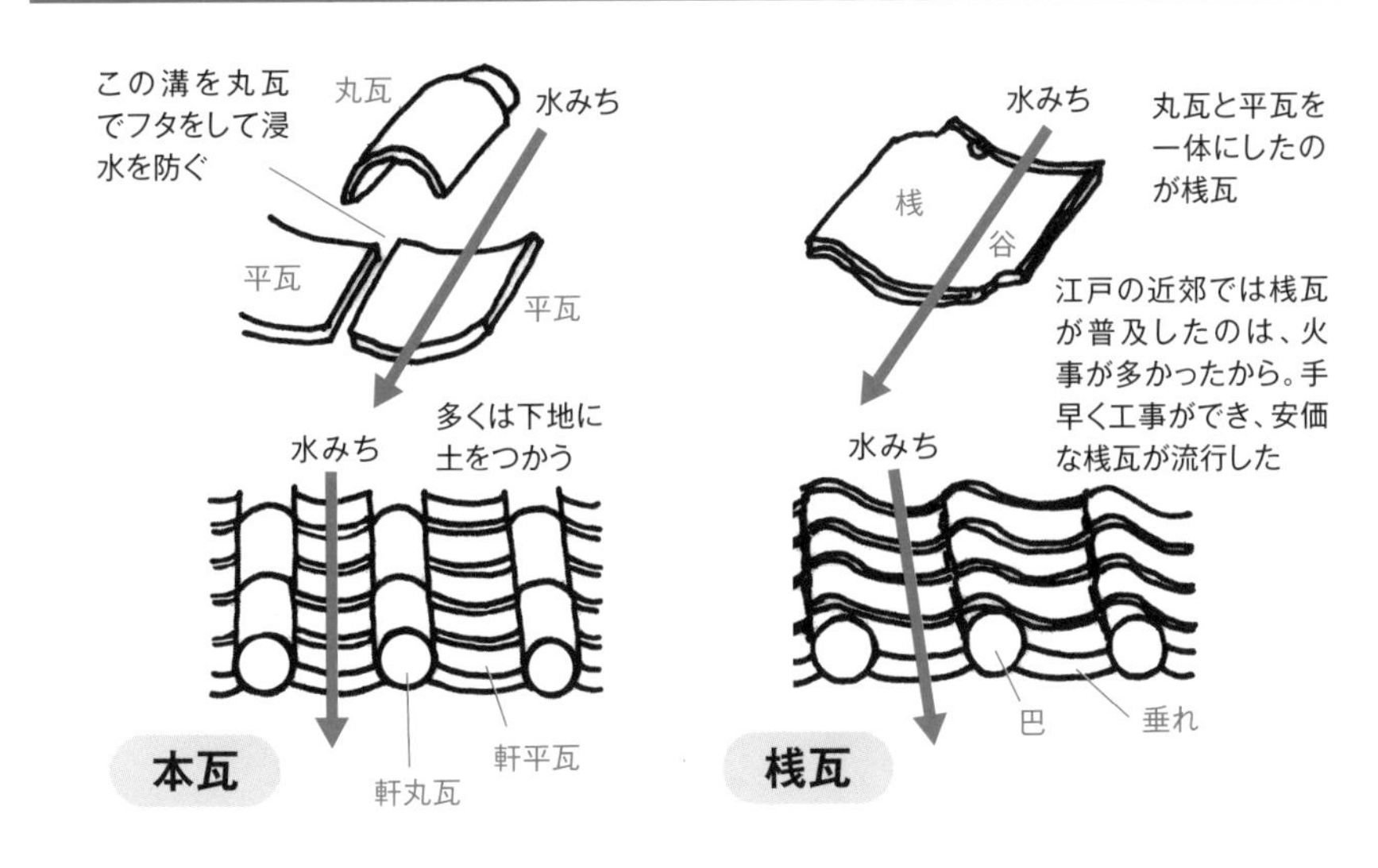

三つ巴

水が渦を巻いた姿

分銅紋

古くからの魔除け
侵入禁止の印

青海波

波の形は火伏の願い

●屋根に仕掛けられたまじない

家にとって恐ろしいのは火事と厄病。この二つを封じる紋様が多い

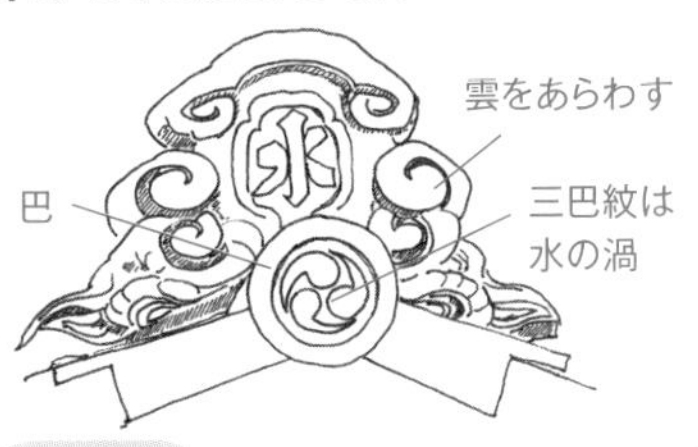

鬼瓦 水、渦、雲、鬼と水だらけである

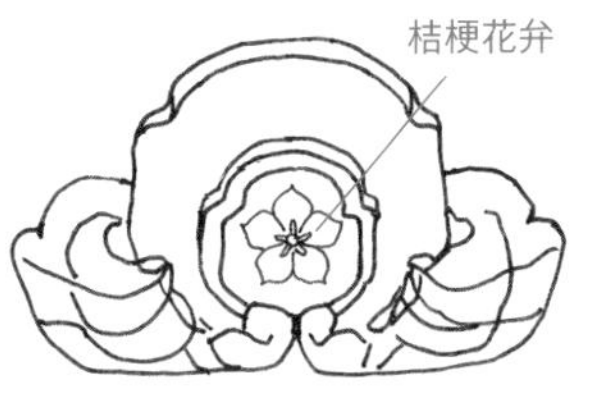

桔梗紋 桔梗は病、魔除けに効くといわれる

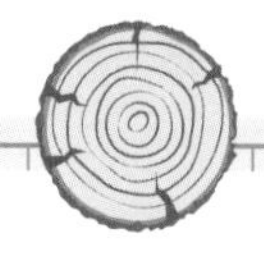

58 板には木表と木裏があり、その性質は真逆

板の表と裏はどこが違うのか？

木材を平らに切断したものが板です。木材の表面に現れる模様を木目（もくめ）といい、木が育った環境によってすべて違います。**木目は、その木がどう育ってきたのかを示す、身分証明書だといえるでしょう。**

板には表と裏があります。木の樹皮に近い面が木表（きおもて）で、木の芯に近い面が木裏（きうら）。その性質も正反対です。

木表は木目が白く、きれいで、触り心地もツルツルしています。床や廊下は、こちらを上に張るのが基本です。下駄（げた）の上面も木表。カンナも、滑りのいい木表側を削り面にします。

木裏はガサガサしており、木目も剥がれやすいという弱点があります。しかし利点もあります。芯の近くは赤味材といい、水気に強く、腐りにくい。雨にさらされる縁側（濡縁（ぬれえん））や、雨の跳ね返りの多い外壁の腰板は、木裏側を見せて張ると、長持ちします。

また板には乾燥すると反るという性質があります。木表は水分含有量が多く、木裏は乾燥しにくいため、板はだんだん木表側に凹状に反ってしまうのです。**能舞台では、足摺（ず）りの音を響かせるために、あえて凸型に変形した木裏を上に床を張っています。**木造建築の施工で、この表と裏を区別するのは非常に重要です。

たとえば四方枠の骨組みなどにつかう桟木でも、反り面がどちらを向いているかを考慮することで、乾燥後も四方の枠がきちんとかみ合い、変形がおこりにくくなります。

板の表と裏を判断できるようになると、建具の桟や、濡縁を見る目がかわります。木を楽しむ一歩として、覚えてみるのも一興です。

板の各部の名称と特徴

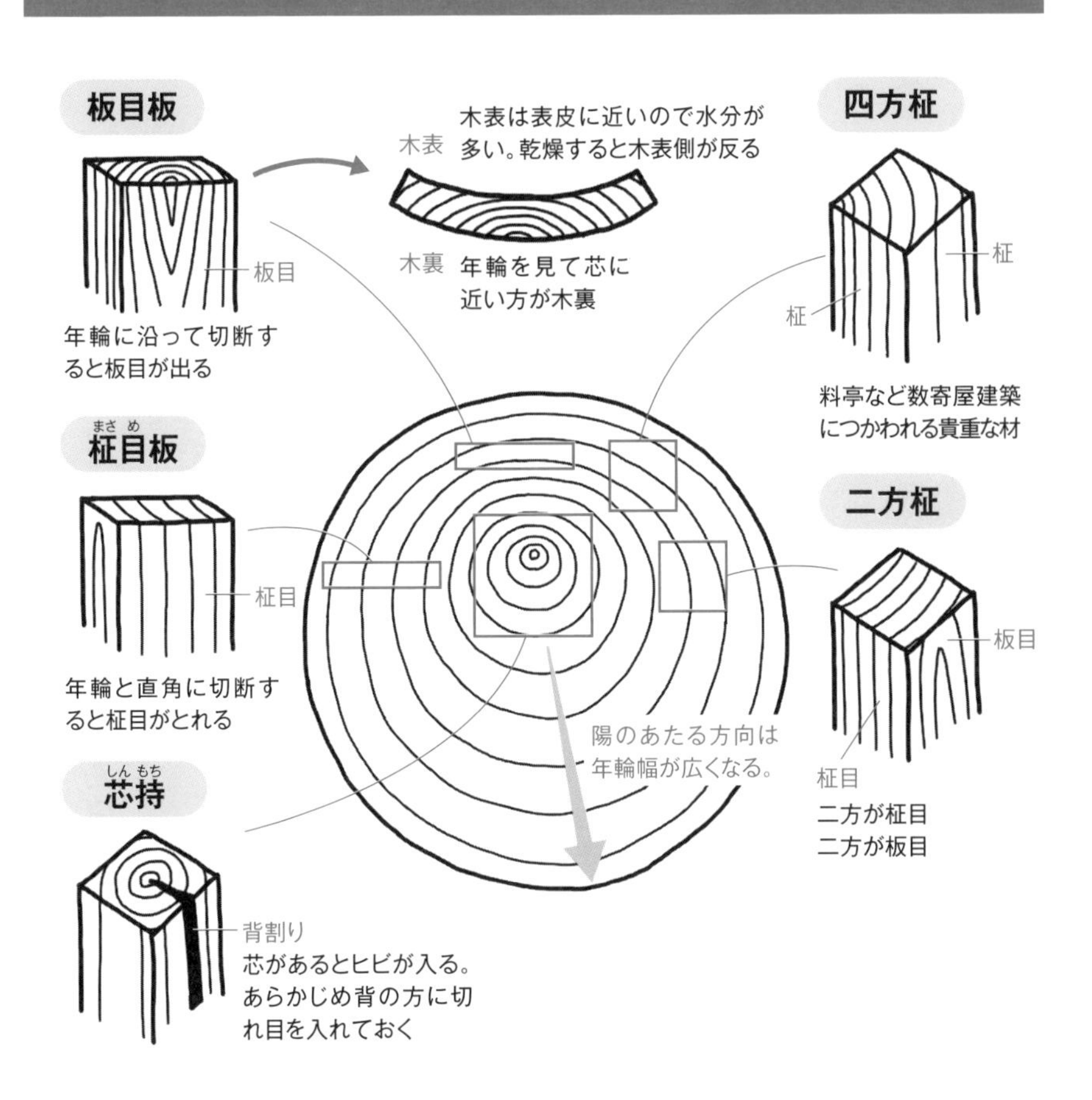

四方枠を組むときの木表と木裏

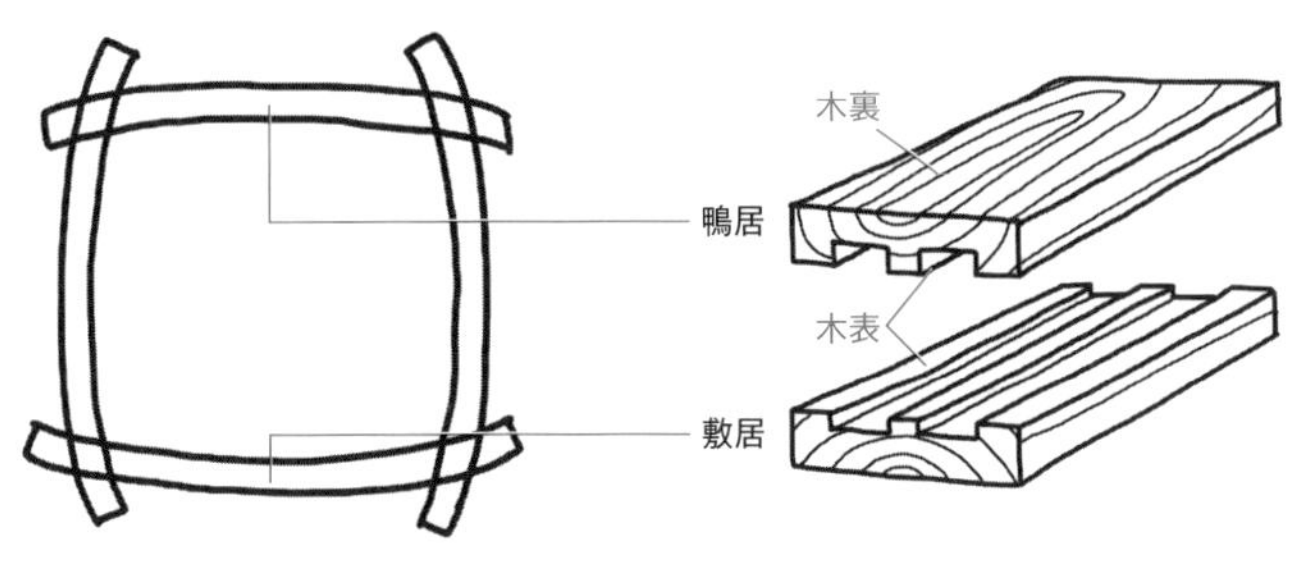

木裏
鴨居
木表
敷居
木表どうしを互いに向かい
合わせるとガッチリ組める

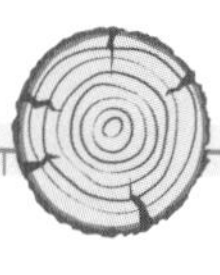

59 日本の住宅の寿命はなぜ短い？

木造でも修繕しながら住めば建築寿命はのびる

日本の住宅の平均寿命は約25年とされています。アメリカが約45年、イギリスは約75年ですから圧倒的に短いといえるでしょう。

「木造だから当然だ」と考える方もいるかもしれませんが、それは理由にはなりません。なぜなら法隆寺五重塔は1300年以上建っていますし、築150年以上の民家も少なくないからです。

住宅寿命が短い理由の一つに、高度経済成長期に根付いたスクラップアンドビルドという考え方があります。それ以前の家は、修繕しながらつかい、住み込んでいく財産でした。

それが、ほかの商品と同様、使い捨てるモノにかわったのです。家電品を修理せず買いかえるように、住宅も建てかえる時代です。修繕しようにも、板金屋、瓦葺き屋、ガラス屋、建具屋といった業者はどんどん少なくなっているのが現状です。

しかし使い捨て文化は、地球環境への負荷の大きいライフスタイルです。変化の兆しは見え始めています。壊すのではなく、経年変化を楽しむニーズの広がりです。日本の住宅も、つかい方次第で50年以上維持できます。伝統的な木造建築は、間取りを変更したり、朽ちた箇所を修繕できるようにつくられていました。**法隆寺が長持ちしているのは、傷みやすい箇所を取りかえられるよう、あらかじめ細かい部材で組み立てているからです**。

昭和40年代頃までの木造建築には、この考え方が随所に組み込まれています。建物は親から子だけでなく、未来へバトンタッチされていく社会の財産です。いつ建てられ、どこが修理されたかという家の履歴書も大切でしょう。

親から子からだけではなく、多くの人にバトンタッチしていく必要があるからです。

日本の伝統建築はパーツごとに修繕できる

●腐食したパーツをかえれば100年は優に持つ

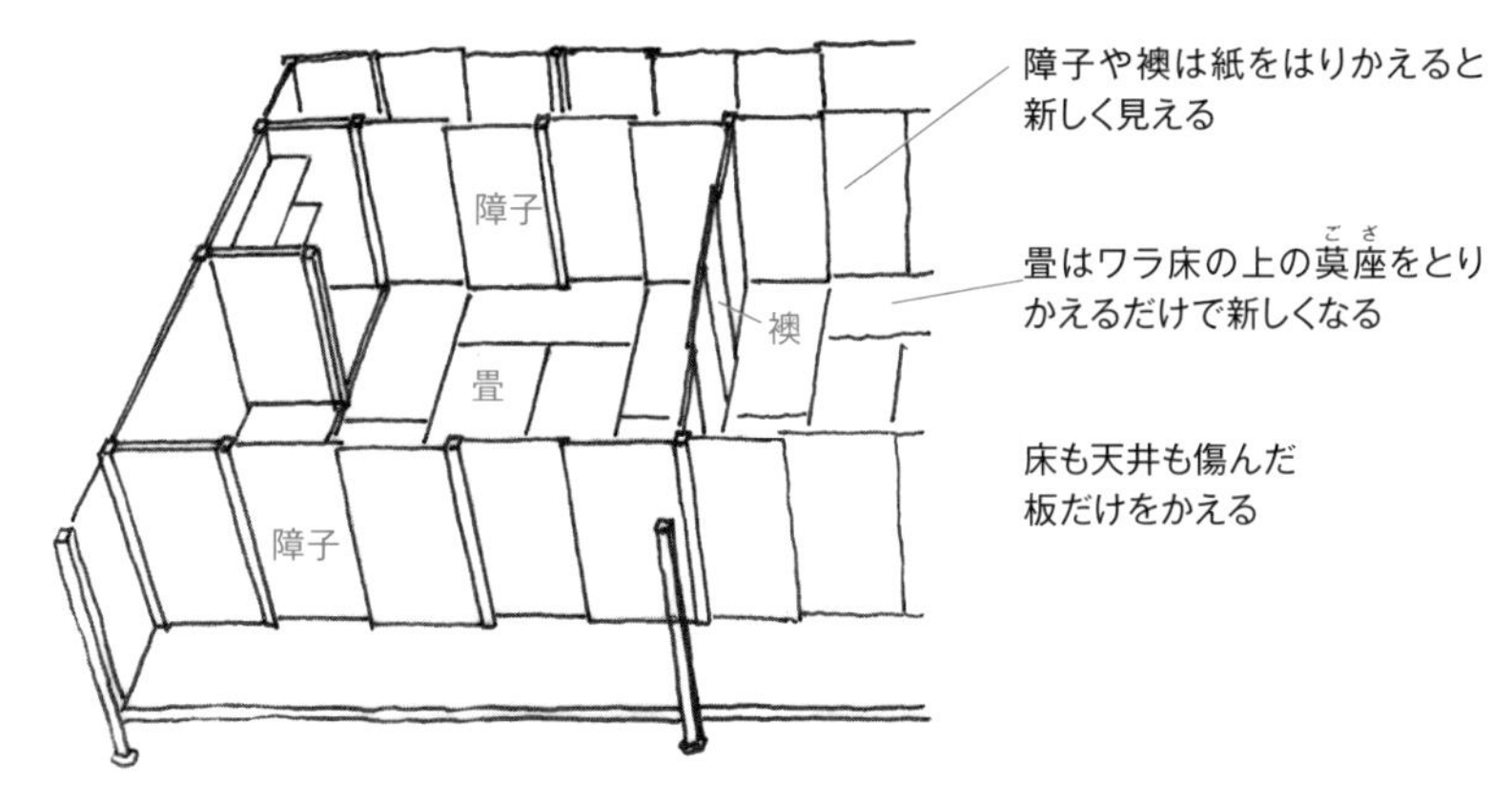

家の内部のほとんどがパーツ化し簡単にかえられる

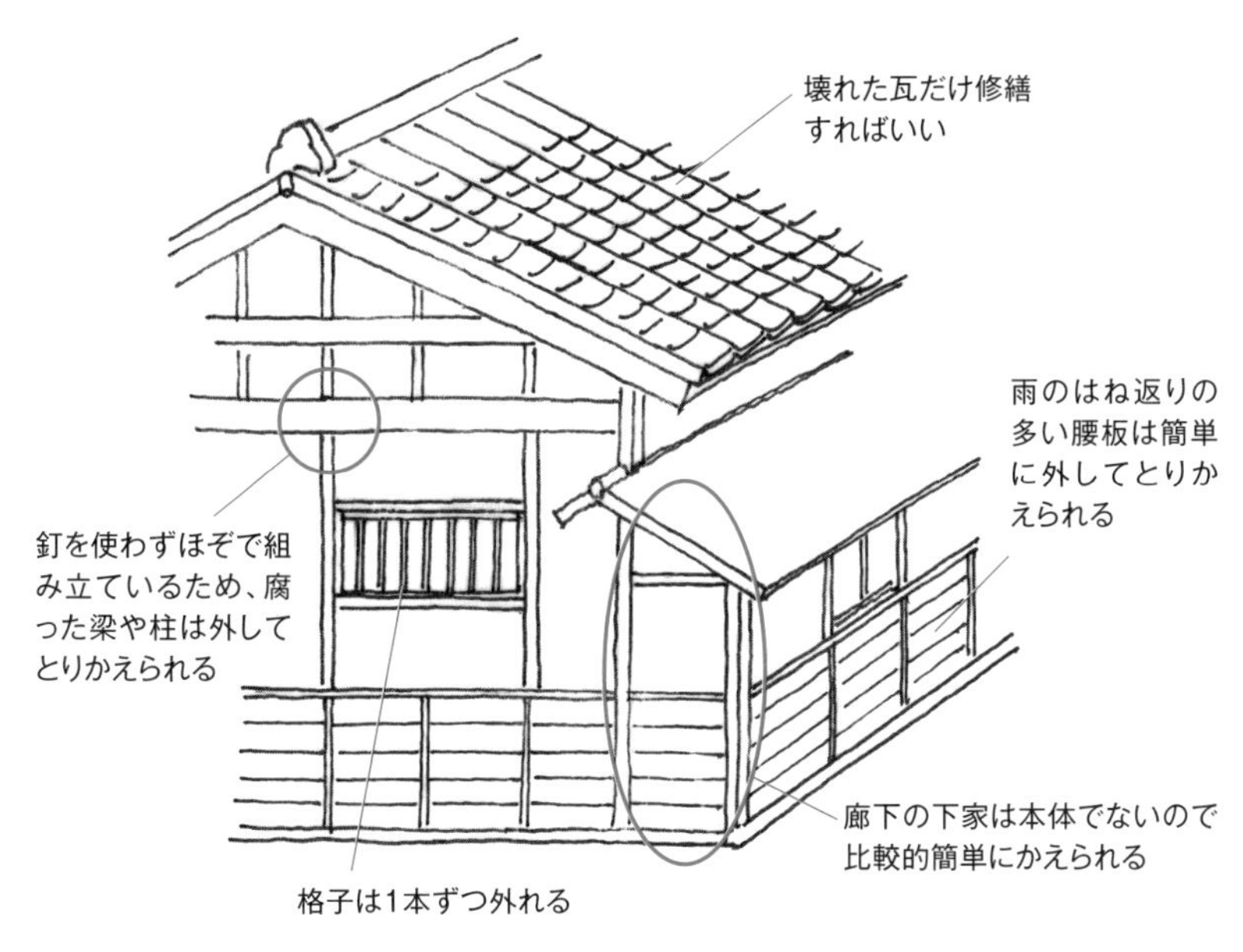

壊れた瓦だけ修繕すればいい
雨のはね返りの多い腰板は簡単に外してとりかえられる
釘を使わずほぞで組み立ているため、腐った梁や柱は外してとりかえられる
廊下の下家は本体でないので比較的簡単にかえられる
格子は1本ずつ外れる

全部外してほかの場所で同じ家が建てられる

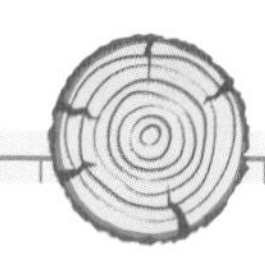

60 地名をヒントに災害に備えよう

旧地名や字名は先人からのメッセージ

古くから残る地名には、その土地の地形や災害状況などが含まれていることがあります。

たとえば、「ツク」という言葉には「築く」という意味があり、築き固めてつくった埋立地を表しています。佃（つくだ）、築地（つきじ）、月島（つきしま）など、漢字は異なっていますが、いずれも名前にツクを含む埋立地です。地名は音読みでなく、訓読みするのが由来を読み解くコツといえるでしょう。

災害に関係した地形といえば、谷間と尾根に目がいきます。谷間は水の被害や軟弱地盤、尾根の先端は地崩れの可能性があるからです。

「イケ」「クボ」「ヤ」を含む地名は、谷地を意味していることがあります。東京の池袋、大久保、渋谷がその一例で、いずれも水害に悩まされやすい地形です。谷地は埋められてしまえば目に見えませんが、こうした知識があれば、地名で判断できることがあります。

尾根に多い地名には「ハギ」「ハケ」「アザ」などがあります。傾斜地である山口県萩市、崖の多い横浜の金沢八景などがその実例です。また東京の麻布も坂が多く、地すべりの起こりやすい土地として知られています。

「ウメ」は土砂崩れで埋まった場所や埋め立てられた地を表していることがあります。大阪の梅田はまさにその代表例で、もともとは湿地帯だったところです。

このように、土地の名前には、その地に暮らした先人からのメッセージが含まれています。近年は市町村合併や開発などで新しい地名に切りかわるケースが増えていますが、もし土地を購入するときは、古くからの地名や字名（あざな）を調べるといいでしょう。

地形にちなんだ地名がある

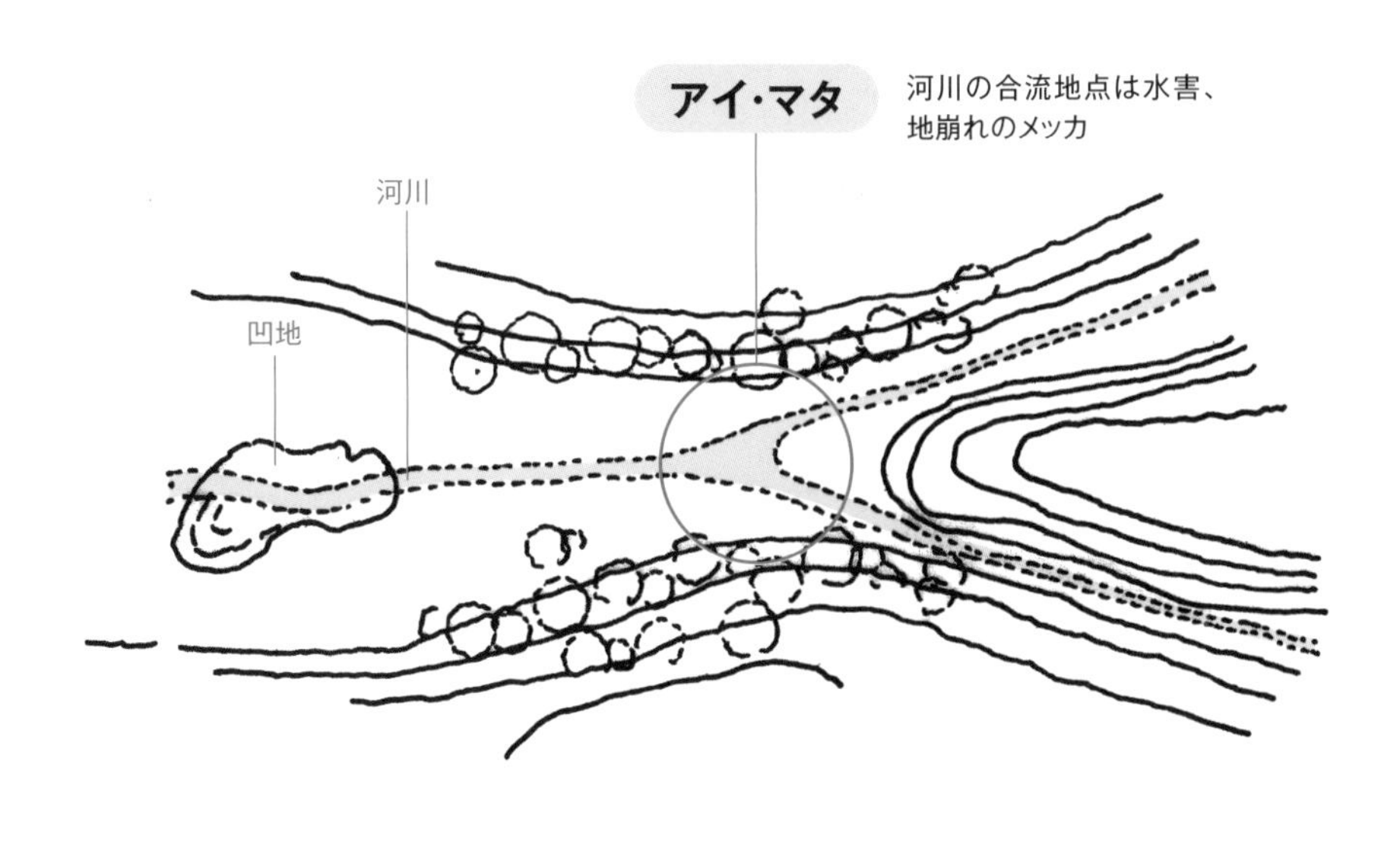

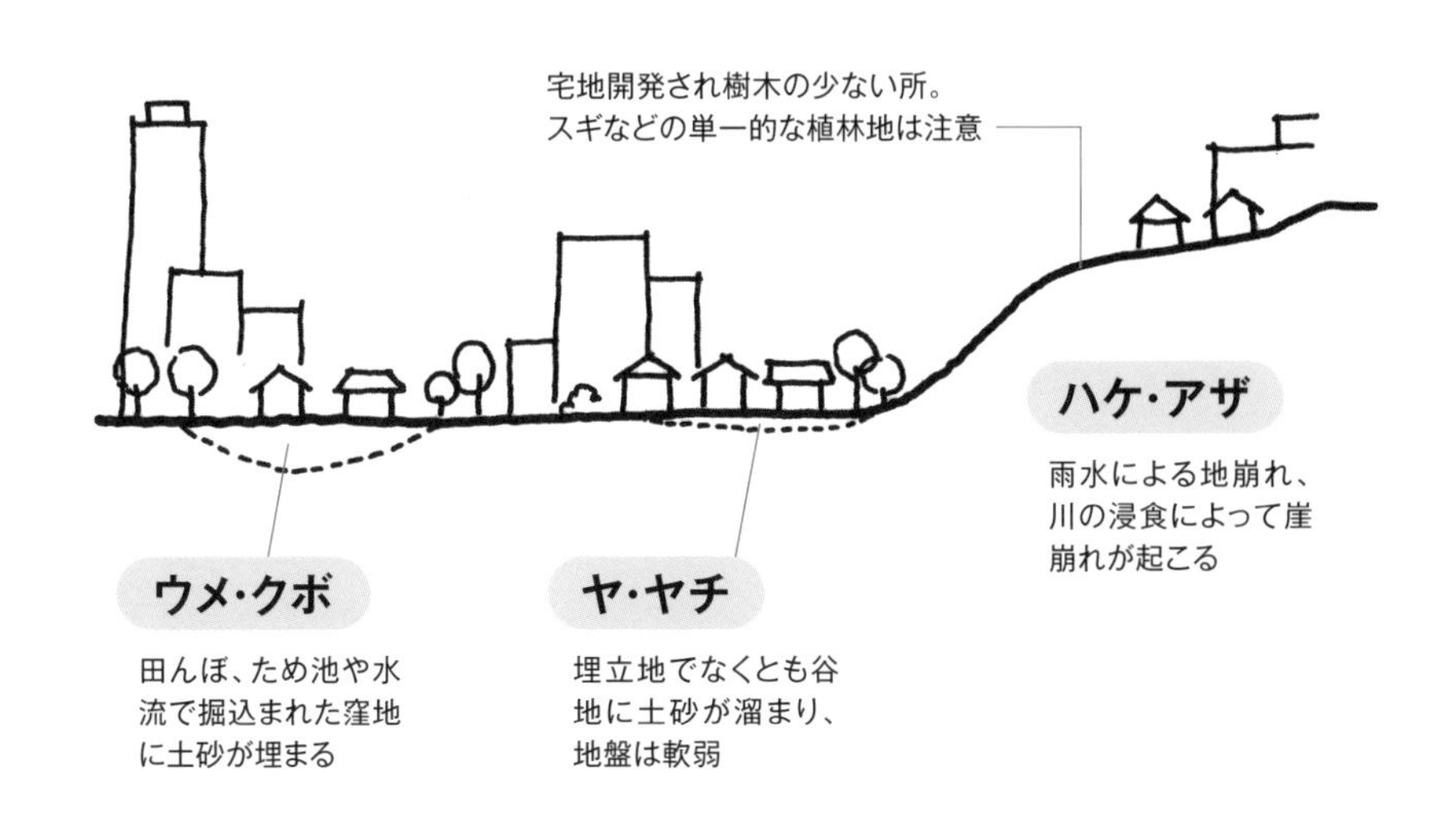

スタジオワーク

フィールドワークを重視し、変わりゆく自然や生活感あふれる街の風景に興味を抱きながら、ささいな事物・事象に疑問を持ち、新しい価値観を発見して驚き、ときには自慢そうにうんちくを語り、そのことを社会に発信するグループである。著書に『建築デザインの解剖図鑑』『仏像とお寺の解剖図鑑』（いずれもエクスナレッジ）などがある。

本書執筆メンバー

最勝寺靖彦（さいしょうじ・やすひこ）…… **監修・執筆**

1946年生まれ。工学院大学大学院建築学科修了。TERA歴史景観研究室主宰。まちづくり、古民家再生に取り組む。著書に『和風デザインディテール図鑑』（エクスナレッジ）、『デザインサーヴェイ図集』（共著、オーム社）など。

二藤克明（にとう・かつあき）…… **執筆・イラスト**

1965年生まれ。一級建築士。工学院大学専門学校建築科研究科卒業。現代建築設計事務所代表取締役。

糸日谷晶子（いとひや・しょうこ）…… **執筆・イラスト**

1968年生まれ。二級建築士。武蔵野美術大学卒業。工学院大学専門学校建築科研究科卒業。コラム代表取締役。

井上 心（いのうえ・こころ）…… **執筆・イラスト**

1979年生まれ。一級建築士。法政大学卒業。武蔵野美術大学卒業。工学院大学専門学校二部建築科卒業。TKO-M.architects所属。

眠（ねむ）**れなくなるほど面白**（おもしろ）**い**

図解（ずかい） 建築（けんちく）の話（はなし）

2020年4月10日　第1刷発行
2023年3月20日　第6刷発行

著　者　スタジオワーク
発行者　吉田芳史
印刷所　図書印刷株式会社
製本所　図書印刷株式会社
発行所　株式会社日本文芸社
〒100-0003 東京都千代田区一ツ橋1－1－1　パレスサイドビル8F
TEL03-5224-6460（代表）
URL https://www.nihonbungeisha.co.jp/

Printed in Japan 112200324-112230309 Ⓝ 06　(300030)
ISBN978-4-537-21788-9
編集担当・水波 康

内容に関するお問い合わせは、小社ウェブサイトお問い合わせフォームまでお願いいたします。
https://www.nihonbungeisha.co.jp/